黄良杰／著

财务会计报告：
数字化的商业故事

西南财经大学出版社

中国·成都

图书在版编目(CIP)数据

财务会计报告:数字化的商业故事/ 黄良杰著.—成都:西南财经大学出版社,2023.7
ISBN 978-7-5504-5132-2

Ⅰ.①财… Ⅱ.①黄… Ⅲ.①会计报表·会计分析 Ⅳ.①F231.5

中国版本图书馆 CIP 数据核字(2021)第 230030 号

财务会计报告:数字化的商业故事
CAIWU KUAIJI BAOGAO:SHUZIHUA DE SHANGYE GUSHI
黄良杰 著

策划编辑:王 琳
责任编辑:向小英
责任校对:周晓琬
封面设计:墨创文化
责任印制:朱曼丽

出版发行	西南财经大学出版社(四川省成都市光华村街55号)
网 址	http://cbs.swufe.edu.cn
电子邮件	bookcj@ swufe.edu.cn
邮政编码	610074
电 话	028-87353785
照 排	四川胜翔数码印务设计有限公司
印 刷	郫县犀浦印刷厂
成品尺寸	170mm×240mm
印 张	13
字 数	170 千字
版 次	2023 年 7 月第 1 版
印 次	2023 年 7 月第 1 次印刷
书 号	ISBN 978-7-5504-5132-2
定 价	78.00 元

1. 版权所有,翻印必究。
2. 如有印刷、装订等差错,可向本社营销部调换。

内容提要

本书基于作者近30年的实务工作及教学经验，系统地介绍了如何利用财务会计报告的信息分析企业商业模式的实质。本书基于投资者视角，明确提出了评价商业模式的六个基本条件，即好的发展前景、好的盈利能力、好的流动性、好的信用水平、好的技术和足够的研发投入、好的公司治理机制及可持续发展能力，并详细介绍了用财务会计报表分析这六个基本条件的逻辑与路径。本书在写作过程中，以讲故事的方式介绍了财务会计报告中会计政策和会计估计的弹性及其影响，介绍了会计信息的潜在风险领域，为在资本市场中遴选投资项目提供了一些参考。本书力求做到通俗易懂，对财务会计报告使用者具有一定的指导和预警作用，对广大投资人特别是非会计、非金融等相关专业人士读懂财务会计报告具有一定的指导意义。

前　言

　　笔者自20世纪90年代初期取得注册会计师和注册资产评估师执业资格起，就从事证券、投资、并购、企业改制重组、教学等相关业务和工作，如今已30多年了。在这30多年中，前十来年主要是从事审计、评估业务；中间十来年主要担任公司高管并从事基金投资咨询以及上市辅导等业务；近十来年主要担任学校行政职务，并从事教学、培训、上市辅导、公司治理及内部控制设计和咨询等业务。当然，30多年来笔者也一直未离开三尺讲台和科研工作，力求尽到一名教师的本分，教书育人，培养好学生；理论联系实际，搞好学术研究。

　　在过往的工作中，以下问题一直困扰着笔者，即什么样的企业是好企业，什么样的项目是好项目，什么样的商业模式是好的商业模式，如何读懂一份财务会计报告，如何通过财务会计报告理解商业模式的本质。2005年12月，在一次财务总监培训授课班上，笔者与学员们讨论这些问题，核心就是如何通过财务会计报告分析企业商业模式实质，为投资决策提供参考。自那以后，笔者在教学和做业务的同时，也下定决心将自己从事审计、评估、证券和基金等相关业务的经验写出来，供广大读者参考。

　　所有的投资都是面向未来的，准确判断一个项目的发展前景并对一个投资项目进行正确估值是投资成功的关键，也是实务中的难点。目前，学者们在理论上做出了许多有益的研究，基本上形成了较为完善的理论体系和估值模型。但在实务中，由于这些理论和模型过于专业、过于理论化，应用上并不是很广泛。特别是对于很多一般企业经营者、财务总监等来说，并不能准确理解投资人的估值逻辑和对前景的判断，特别是如何基于财务会计报告披露的信息来进行判断和估值。因此，本书有必要介绍基于财务会计报告披露信息进行判断和估值等相关知识，以便企业及其经营者明白在资本市场上如何披露决策有用信息，以降低合约双方的合约成本，明确风险，这对保护合约双方利益至关重要。

一个好的投资项目或者说一个好的商业模式至少需要具备以下几个基本条件，即好的发展前景好的盈利水平、好的流动性、好的信用能力、好的技术和足够的研发投入、好的公司治理机制及可持续发展能力。这几个条件相辅相成，缺一不可。投资者在做投资决策时也需要对这几个方面的情况做出判断。在传统上或者实务中，人们分析财务会计报告时，习惯于计算财务指标，分析企业或者商业模式的盈利水平、偿债能力、现金流量情况以及社会贡献等。从财务分析发展过程来看，这些分析主要是从借贷方特别是银行视角来对企业财务风险进行分析。在实务中，投资者经常参照这个分析体系进行投资判断决策，而基于投资逻辑进行财务会计报告分析的人并不多。因此，写一本基于投资逻辑分析财务会计报告的通俗读本就显得非常有必要。

资本市场上对项目的估值往往都是以企业盈利水平为基础展开的。因此，相当一部分企业在披露相关信息时都会对其盈利水平予以粉饰。在20世纪80—90年代，华尔街流行一句话，即"会计信息美容可以接受，整容则不允许"。曾经有一段时间，粉饰会计报表几乎是公开的秘密。在2008年全球金融危机发生之后，资本市场对会计信息披露的监督日益加强，处罚也越来越严厉，企业粉饰会计信息的行为受到了有效遏制，但直到现在，因为会计信息粉饰而导致的投资失败还是时有发生。因此，在投资决策过程中，我们需要了解粉饰会计信息的方法和路径，读懂财务会计信息背后商业故事的实质。能够读懂一份财务会计报告是做出合理投资决策的基本保证。

  基于上述几点事实，结合案例，努力写好一本基于投资逻辑的财务会计报告分析的通俗读本是笔者创作的初衷。但由于理论水平及实务经验有限，同时也由于日常事务特别繁忙，笔者未能够对书中提到的问题进行精雕细琢，理论和实务上难免存在疏漏之处，请广大读者不吝赐教，批评指正，以便今后修订时进一步完善。

  最后也借此机会，感谢笔者家人在笔者身后的默默付出，感谢广大师友给予笔者写作的鼓励，感谢笔者领导和同事给予笔者写作的支持。

黄良杰

2022 年 2 月 28 日

目 录

1 导论 / 1
 1.1 商业与商业模式 / 1
 1.2 商业模式、企业及其评价 / 3
 1.3 企业估价与信息披露 / 7

2 财务会计报告再认识 / 9
 2.1 会计与财务会计报告的本质 / 9
  2.1.1 会计的本质 / 9
  2.1.2 财务会计报告的本质 / 10
 2.2 财务会计报告信息内容 / 11
 2.3 财务会计报告信息质量要求 / 14

3 财务会计报告与企业商业模式 / 18
 3.1 财务会计信息影响商业故事的路径 / 19
 3.2 从商业故事到财务会计报告 / 21
 3.3 从财务会计报告到商业故事 / 23

4 资产负债表中的商业故事（上）／ 25

4.1 资产负债表与商业故事／ 25
4.2 资产负债表中的会计估计、确认与计量的弹性分析／ 27
4.2.1 会计估计的弹性及其影响／ 28
4.2.2 会计计量的弹性及其影响／ 30
4.2.3 会计确认的弹性及其影响／ 32
4.3 结合附注信息读懂资产负债表中的商业故事／ 35

5 资产负债表中的商业故事（下）／ 40

5.1 商业模式与资产负债表的结构／ 40
5.2 资产负债表中的流动性分析／ 42
5.3 资产负债表中的产能分析／ 46
5.4 资产负债表中的技术及其前景分析／ 48
5.5 资产负债表中的信用状况分析／ 50
5.6 资产负债表中的公司治理研究／ 53
5.7 资产负债表中的盈利及可持续经营能力分析／ 55
5.8 资产负债表中的其他应关注的事项／ 58

6 利润表中的商业故事／ 60

6.1 利润表与商业模式／ 60
6.2 利润表中盈利能力的判断与衡量／ 62
6.3 利润表中的主业前景分析／ 64
6.4 利润表中的收入确认问题／ 68
6.5 利润表中费用结构的合理性分析／ 71

6.5.1　利润表中的销售费用分析 / 71

　　6.5.2　利润表中的管理费用分析 / 74

　　6.5.3　利润表中的财务费用分析 / 76

　　6.5.4　区分资本化支出与费用化支出问题 / 77

6.6　利润表中的投资收益问题 / 79

6.7　利润表中的营业外收入分析 / 83

6.8　利润表中的商业故事总结 / 85

7　现金流量表中的商业故事 / 87

7.1　现金流量表的再认识 / 87

7.2　经营活动现金流量中的商业故事 / 91

7.3　投资活动现金流量中的商业故事 / 93

7.4　筹资活动现金流量中的商业故事 / 94

7.5　三项活动现金净流量综合分析 / 95

7.6　现金流量表相关指标分析 / 98

　　7.6.1　现金流量结构与趋势分析 / 99

　　7.6.2　现金流量表中的盈利能力及质量分析 / 100

　　7.6.3　现金流量表中的支付能力及风险分析 / 101

8　会计报表附注中的商业故事 / 103

8.1　会计报表附注再认识 / 103

8.2　会计报表附注基本情况中的商业故事 / 107

8.3　会计报表附注会计政策披露中的商业故事 / 109

　　8.3.1　会计政策披露的认知 / 109

　　8.3.2　读懂会计政策变更中的商业故事 / 110

8.4　主要会计报表项目解释中的商业故事 / 113

8.5　重大合同、关联方及关联交易、环评等披露中的商业故事 / 116

9　理解注册会计师的审计意见 / 119

9.1　注册会计师的审计意见再认识 / 119

9.2　审计报告说明段中的商业故事 / 122

10　财务指标中的商业故事 / 138

10.1　财务指标分析的再认识 / 138

10.2　理解财务指标中的商业故事 / 141

10.2.1　财务指标分析的起源与发展 / 141

10.2.2　偿债能力（信用状况）指标中的商业故事 / 143

10.2.3　营运能力指标中的商业故事 / 145

10.2.4　盈利能力指标中的商业故事 / 148

10.3　财务指标综合分析中的商业故事 / 151

11　读懂财务会计报告中商业故事的关键因素 / 154

12　综合案例：麓山通信技术股份有限公司商业前景分析 / 159

12.1　麓山通信技术股份有限公司财务会计报表 / 159

12.1.1　2008年度财务会计报表 / 159

12.1.2　2009年度财务会计报表 / 163

12.1.3　2010年度第三季财务会计报表 / 167

12.2　企业概况 / 171

        12.2.1 基本情况 / 171

        12.2.2 股权结构及历史沿革 / 171

        12.2.3 人力资源状况 / 180

12.3 产品、服务及资质 / 181

        12.3.1 产品及服务 / 181

        12.3.2 资质 / 184

12.4 行业概况、市场与销售 / 184

        12.4.1 行业分析 / 184

        12.4.2 销售模式及客户构成 / 190

12.5 财务状况及财务预测 / 191

12.6 麓山通信的商业前景分析 / 192

1 导论

1.1 商业与商业模式

天下熙熙，皆为利来；天下攘攘，皆为利往。为了生存，人类诸多行为往往是基于逐利动机，谋求经济价值最大化。经济价值往往是以生产和交换商品的方式实现的，这就形成了商业。如果将"商业"定义为一种将采购或生产出来的价值（产品或服务）交换出去，以换取自身价值的利益行为或活动，那么，商业模式就是与这种交易相关的各类资源配置的机制或逻辑。这里的各类资源是指企业的人力资源、技术、资金、土地、厂房、客户、经营渠道等，所以商业模式简单来说就是为了获取价值而将各类要素组合的模式。而这种模式是极具创意、难以模仿而又能带来商业机会与利润的价值创造模式。

现代商业模式通常由公司治理模式、内部控制模式、业务模式（生产模式）、技术模式、人力资源管理模式、财务管理模式、供应模式、销售模式、行政后勤模式以及会计核算与信息披露模式等具体模式构成，这些要素组合不同，商业模式也就不同，其中某一个模式的新创意，可能就会促使新的商业模式形成，从而更有利于实现企业的战略目标。人们根据要素的不同组合又把商业模式分为分店铺模式、搭售模式、电商平台模式[①]等。随着科学技术水平的不断提高以及人们消费需求的不断增长，新的商业模式也在不断涌现。

案例：美第奇家族创建的国际"汇兑·结算"体系以及对梵蒂冈公款的巧妙运用[②]

货币作为商品（服务）的支付手段，是古代人的一大发明。但到了中世纪（欧洲），贸易往来不断扩大，跨国贸易逐步增多，利用货币（金银等）进行交易会产生诸多不便。为此，从事货币兑换的商人在欧洲各地开设分店，让远隔两地的人实现了不同货币错时空结算的可能。其中的主导力量正是14世纪文艺复兴初期，以北意大利佛罗伦萨为据点的美第奇家族。他们率先在整个欧洲建立起了稠密的信息网，成功开创了兑换、结算业务，并从中获取了丰厚的佣金收益。

但有个大难题就是势力庞大的天主教会严禁收取利息。那么，汇兑业务是不是（以佣金为名）收取利息的融资行为呢？天主教会的罗马教廷（梵蒂冈）公开声明"佣金不是利息"，由此，银行业（融资、汇兑、结算）终于名正言顺地驶入了发展的轨道。这是怎样做到的呢？原来是聪明的美第奇家族在账目中增加了一项名为"上缴给神"的款项，即捐献给教会和慈善事业的款项，正是这笔款项使得美第奇家族与梵蒂冈成功地构建起伙伴关系。1410年，美第奇家族又被梵蒂冈委以财务管理的重任，独自掌管着来自全欧洲的巨额财富。虽然管理财富的佣金寥寥无几，但各国上缴的公款在纳入罗马教廷之前的数月，就会成为美第奇家族自由使用的资

---

① 所谓分店铺模式即以工厂或店铺等形式进行生产经营的商业模式；搭售模式即在经营时，以某种低价格产品吸引消费者，通过搭售其配件而获取高利润的商业模式，如吉列剃须刀商业模式。
② 三谷宏治. 商业模式全史［M］. 马云雷，杜君林，译. 南京：江苏凤凰文艺出版社，2016.

金。借此，美第奇家族做到了：一是建立起了国际"汇兑·结算"网络；二是把梵蒂冈（某种意义上的敌人）变成了合作伙伴与客户；三是开创了利用教廷公款的时间差进行汇兑的新型收益（商业）模式。

正是基于这种稳定的商业模式，自15世纪初起，美第奇家族踏上了持续300年的繁荣之旅。

1.2 商业模式、企业及其评价

如果说一种商业模式就是一个商业故事，那么企业就是由一个个商业故事组成的集合体。企业是一种组织，也是商业模式的集合。在本质上，企业是一种资源配置机制，通过这种机制来降低交易成本，以实现价值最大化。

现实中，坚持"股东至上"原则，追求价值最大化，是企业经济目标的基本要求。长期以来，人们一直在探索实现价值最大化的途径与方法，即研究实现价值最大化的最优模式。那么，什么样的模式是一种好的模式？这是广大投资人、企业家乃至学界人士苦苦思索的问题。笔者认为，好模式本质上就是好企业。

任何一个好的企业，首先要有一个好的商业故事，即好的商业模式。如何评价和分析一种商业模式，或者说什么样的商业模式是好的商业模式？其标准是什么？目前在学术界和实务界有各种各样的观点，难以形成定论。尽管有各种各样的观点，但一种好的商业模式必须具备以下几个条件：一是好的发展前景；二是好的盈利能力；三是好的流动性；四是好的信用水平；五是好的技术和足够的研发投入；六是好的公司治理机制以及可持续发展能力。

好的发展前景取决于商业模式满足于人们什么需求和欲望，或者说如何满足消费者需求，即这一需求是否具有广阔的市场前景。譬如说，自古以来，中国人一直想知道嫦娥是否住在月亮上，所以就有宇宙飞船上天了，还有很多人不想洗碗，所以就有了洗碗机……所以，需求可以解决企业市场问题。反过来，如果企业能够有更好的创意来改善人们的生活，让人们更加幸福，也可能使企业前景更加广阔[①]。解决消费者需求在某种程度上取决于企业技术的进步和商业逻辑的创意，有了独特的技术或商业逻辑创意就可做到商业经营的差异化，就能吸引更多的消费者，使得商业模式前景广阔，当然也能获取超额利润。因此，一种好的商业模式市场定位非常关键，这种商业定位取决于企业商业模式解决消费者什么样的需求，或者企业通过供给能够创造什么样的需求，且这种需求还需要根据消费者的欲望进行调整升级，商业模式才具有前景。

好的盈利能力一方面取决于商业模式是否具有商业前景，另一方面，也是更重要的，即在于该商业模式靠什么盈利，利润源泉是什么，换句话讲，就是价值创造能力。一般情况下，企业价值创造来自企业的技术创新与领先。那么，什么样的技术是好技术呢？简单地说，就是这种技术可以改变人们的生活习惯，让人越来越离不开，让人们的生活越来越便利、越来越幸福，这种技术就是好技术。那么，什么技术是领先技术呢？这种技术因为技术、资金投入、人力资源等导致不可复制、不可模仿，且极具商业前景和战略价值，则这种技术就是领先技术。此外，企业公司治理机制、企业资产配置效率和组织能力等都能较好地提升企业盈利能力。好的盈利能力是实现价值最大化的根本保障。

好的流动性和好的信用水平取决于企业信用管理水平和经营管理水

---

① 关于需求和供给对企业价值的影响，在经济学理论上有严格的推导和论述，在此仅解释企业定位与前景对价值最大化实现的重要性，不做严格的理论分析。

平。企业盈利财务驱动的根本在于让资金不停地动起来。一般地，企业价值实现往往取决于企业盈利能力、流动性及杠杆水平。

流动性是企业提升盈利能力，实现价值最大化的保证。企业只有让资金不断流动和周转，才能发挥资金的最大效用，获取最大价值。企业失败的主要的表现之一就是资金不能流动，资金链断裂。

杠杆水平是信用水平的具体表现。企业信用通常包括商业信用和银行信用。一个好的商业模式，往往能够在商业行为过程中利用商业信用来弥补自身的流动资金需求，因此，好的商业模式的表现之一就是具有良好的商业信用。此外，好的商业模式往往还表现为持续扩张[1]，因而存在不断加大资金投入的现象。任何一个企业自有资金总是有限的，因此，企业在扩张中，除了需要有充足的自有资金以外，往往还需要利用外部资金，这时银行信用以及其他信用就很关键，因此，好的商业模式，会存在一个信用体系，能够确保企业资金链不断裂，保证企业流动性。

公司治理机制是对投资人的利益保护机制，在这种机制下，可以保证投资人、投资企业的资金安全、完整和增值，保证投资人利益最大化。同时，公司治理机制也是一种权利配置机制，促进企业经理人认真履行受托责任，抑制代理冲突，约束私人收益，确保企业经济目标实现。因此，好的商业模式应该具备良好的公司治理机制。

如果上述商业模式的六个因素能够获得较好的表现，则这个商业模式应该就具备了较好的可持续发展能力及较好的投资价值。但如何判断上述条件中所谓的"好"，不同的分析主体可能标准不同，在实务中取决于决策分析人员的经验与理论水平以及目标诉求，难有定论。所以，本书只提供一种分析思路，无法提供判断标准，但有一点，经验丰富的分析人员应该有能力基于企业财务会计报告判断企业商业前景和商业模式的优劣。

---

[1] 当然这种扩张到一定时期或规模时会稳定一段时间，然后再扩张。

案例：什么是好的商业模式[①]

20 世纪 90 年代，水平分工发展到了一个新的高度，电脑制造商地位有所下降，利润也开始下滑，不过戴尔公司却一枝独秀，在成功的道路上阔步前行。

公司创始人迈克尔·戴尔在得克萨斯大学就读第一年，就开始利用 IBM 主机进行升级销售，并从中发现商机，然后选择退学创业。当时，如果挑战技术标准恐怕为时已晚，而经销网络也已十分完善。不过，虽然竞争对手（如康柏公司）在零售领域极其强大，但戴尔公司仍然在市场和流通领域取得了突破，其具体做法就是：按订单进行生产的直销模式、将顾客锁定为大型企业和团体用户。

按订单进行生产的直销模式使得戴尔公司获得了速度上的绝对优势，这里的速度优势主要包括：一是生产出货速度。一般情况下仅维持 7 天的库存成品，通常接到订单 36 小时后即可出货。而康柏公司需要维持 65 天库存成品。二是资金回笼速度。采用信用卡支付方式促使资金 24 小时到账回笼。而康柏公司需要 16 天才能回笼资金。戴尔公司不靠规模而靠速度取胜，不仅降低了成本，还增强了竞争力。

将客户锁定为大型企业和团体用户，使得戴尔公司降低了广告宣传和品牌经营投入，只要保证交货速度和低廉的价格，就可以在电脑装配市场上获得一席之地。为了降低营销成本，戴尔公司还将售后维修服务委托给其他公司，采用以换代修模式，同时投资创办客户服务中心，一下子将效率提高了数倍，大大降低了成本。此外，为了追求速度，戴尔公司鼓励许多大型供应商在其厂区周围设立仓库，使其能够在订单下发后 15 分钟内收

[①] 三谷宏治. 商业模式全史 [M]. 马云雷, 杜君林, 译. 南京：江苏凤凰文艺出版社，2016.

到零部件。

戴尔公司通过锁定客户，明确价值，将本公司能力同外部企业能力牢牢组合在一起，创造了一个具有强大竞争力的商业模式。

但是，进入20世纪90年代后，PC市场因互联网普及而飞速发展，却又陷入另一个萎缩时代。到了2010年后，PC市场赢家既不是戴尔，也不是惠普，更不是中国台湾地区的宏碁，而是苹果公司。苹果公司的一种新产品——iPad平板电脑，它是否能创造新的具有竞争力的商业模式呢？

现在看来，iPad平板电脑似乎也不是最好的商业模式，为什么呢？因为人们追求美好生活的需求与欲望在不断变化。

1.3 企业估价与信息披露

无论是在资本市场还是在产品市场，企业都面临一个估价和估值问题。无论按照什么样的标准来判断企业或商业模式的好与坏，企业的经济目标均是实现企业价值最大化。价值最大化是通过一笔笔交易实现的，在实务中，每一笔交易都是一个契约，契约核心在于搞对价格或价值，而这其中的关键因素之一就在于契约双方的认知与信息量。譬如，当你走进一间超市，看一个玻璃水杯，如果该水杯标价为20元，你会认为这再正常不过了。但如果这只水杯标价为10 000元，你就会充满好奇：为什么一只玻璃水杯会有这么高的定价？正当你疑惑之际，营业员过来对你讲，如果用了这只水杯，胖人会变瘦，瘦人会变胖，关键是这是××都在用的水杯。营业员之所以表述或披露这只杯子的功能等相关信息，在于引导你的认知，引导你对这只杯子进行估值和定价，让你认为这10 000元定价非常合理，值得你购买。在现实中，通过信息引导估值和定价，从而影响资源配置的现象普遍存在，关键在于你对交易的认知和信息的甄别能力。

在资本市场或产品市场中，我们经常面临这样的问题：什么样的企业是好企业，什么样的项目是好项目，什么样的商业模式是好模式。如何评价？其关键在于你的认知能力和对信息的甄别能力。如今，一个投资项目或者企业商业模式的相关信息披露方式之一就是财务会计报告。所以，如何评价企业，如何评价一个投资项目或者商业模式，关键在于读懂它的财务会计报告，学会对其估值和定价。之后，你应该可以判定哪一种企业是好企业，哪一种商业模式是好模式，哪一个项目是好项目。

本书写作的主要动机就是让读者通过读懂企业财务会计报告，了解企业背后的商业故事，为投资决策提供分析逻辑和思路。

2　财务会计报告再认识

2.1　会计与财务会计报告的本质

2.1.1　会计的本质

会计是什么？为什么需要财务会计报告？这两个问题是会计学的基本问题，或者说是本真问题。人们对会计的认知是从账房先生开始的，随后逐步发展到认为会计是一项管理活动，直至现在统一认为是一项信息系统。最初的会计是因为剩余生活物资记录需要而产生的，随着社会活动范围的扩展以及商品交易的出现，记录物资存量已经不能满足生活或商品交易的需要，所以，会计又被赋予算账职能。随着所有权与经营权的分离，所有者乃至政府等需要对经营实体的经营状况及合规性进行监督，向所有者及政府等报账成为必然，所以，会计又被赋予了报账职能。但随着工业时代的到来，人们的生产活动以及经济活动日益复杂，社会分工逐步细化，此外，随着交通技术、通信技术以及信息技术等科技的进步，人们经济活动范围日益扩大，覆盖全球，再加上资本市场的出现，让资本与商品形成两大交易市场，企业组织形式与经济活动日益复杂，规模日益扩大，人们需要基于一定的信息对现代经济活动与交易中的信用、风险、价值和价格、收益与成本、责任和义务等做出判断，传统的记账、算账、报账已不能够满足日常社会经济活动需要，在社会发展过程中，会计不断积累经验，吸收新技术、新理念，改进记账、算账、报账的技术、方法和形式，逐步独立出来成为一个理论体系完备，社会广泛应用，为人们提供决策判断的信息系统。由此，会计从早期簿记发展成为现代会计。到目前为止，在理论上，存在会计的"管理活动论""信息系统论""艺术论""技术论"以及"受托责任观"等观点，但从我国的《会计法》和《企业会计准则》，以及国际会计准则和美国会计准则等相关法律表述来看，会计本质是一个信息系统的观点被广泛认同。虽然曾经一段时期有人质疑会计信息是否有用，但是在1968年，鲍勃、比弗的论文首次从理论上证明了会计信息在资本市场上能够为投资人决策服务，即证明了会计能够为决策提供有用信息。基于此，我们在某种程度上可以认为会计是一门提供信息的技术，即算账、记账、列报与披露的技术，但在本质上，会计应该是一个信息系统，为决策提供有用信息、反映单位受托责任。

2.1.2 财务会计报告的本质

财务会计报告是会计提供信息的具体形式或手段。会计提供信息的最终形式是财务会计报告。依据上述的表述，我们可以看出，会计具有双重任务，即一方面会计需要反映企业的受托责任，另一方面会计必须向财务会计报告使用者提供决策有用信息。所以，反映企业受托责任，提供决策有用信息是财务会计报告的本质要求。

企业理论通常有个基本假设或前提，即"股东至上"，也就是说企业目标是为了股东价值最大化。虽然近些年来，"利益相关者价值最大化"的观点被广泛接受，但"股东价值最大化"依然是企业理论的逻辑起点。

在这一认知下，企业所有的经济行为均应从股东价值最大化出发。但现实中，由于所有权与经营权分离客观存在，企业组织行为可以看成是企业所有者将财产委托给经理人经营的行为，由于所有经理人都是理性的，企业经理人的经济行为不一定是从股东价值最大化出发，而是满足自身的私人收益最大化，这就产生了代理冲突。因此，抑制代理冲突成为企业治理的核心问题之一。经过半个多世纪的理论发展，人们研究发现信息越透明，越能有效地抑制企业代理冲突，因此，提供透明的、完整的信息，反映企业受托责任就成为财务会计报告的本质要求。

人们常说：市场是配置资源最有效的机制。在市场中真正发挥作用的主要是价格机制。在交易或者说在资源配置中，人们对价格的判断主要取决于人们对交易或资源的相关信息占有与商品效用需求。由于个体的差异，人们对信息搜寻成本巨大，所以企业在市场中披露自身信息成为必然。因为人们需要依据企业披露的信息做出判断，引导资源和商品流动与配置，因此，企业为人们的判断披露信息是客观要求。财务会计报告是企业披露信息的重要形式与途径，因此，为决策提供有用信息也就成为财务会计报告的本质要求。

2.2 财务会计报告信息内容

依据企业会计准则，财务会计报告要求披露的信息包括：企业截至12月31日的财务状况，及该会计年度的经营成果和现金流量情况。为了能够使财务会计报告信息做到通俗易懂，便于各类财务会计报告的使用人运用，财务会计报告还要求披露财务会计报告的编制依据、编制的会计政策、主要财务会计报告项目解释、重要会计事项以及能够影响财务会计报告使用人判断的相关信息。由于不同的使用人的决策动机和目的不同，对财务会计报告信息的内容要求也不同，这就需要财务会计报告的信息覆盖面尽可能地满足所有使用人的需求。那么，财务会计报告所反映的财务状况、经营成果和现金流量情况是否能够满足这一要求呢？学术上时常有个问题被提及，即财务会计报告信息边界在哪里？财务会计信息是如何生成的，应该包含哪些内容呢？

一般地，在会计上把企业所有经济活动概括为交易和事项。理论上，所有交易和事项的过程和结果的相关信息均应在财务会计报告中列报或披露，但是从会计工作成本、效率而言，有些交易或事项的相关信息如果不会影响到财务会计报告使用人的判断，则可以不进行列报或披露。基于这一原则，财务会计报告信息在列报或披露时往往会遵从重要性原则。那么，如何判断交易和事项或者说信息的重要性呢？如果某一交易和事项不在财务会计报告中列报或披露，则会影响到财务会计报告使用人的判断，那么，这一交易或事项则重要。因此，财务会计报告的信息边界是一种判断，这种判断在于所依托的交易或事项的重要程度，如果重要，则必须在财务会计报告中反映，相反则不反映。

交易和事项在财务会计报告中列报或披露的过程事实上是交易或事项要不要在财务会计报表中确认的过程。如果一项交易或事项符合会计确认条件，则需要按照会计要素的条件在财务会计报表中予以确认，如果不符合会计确认条件，而这一交易或事项又很重要，则需要在会计报表附注中予以披露。而确认的前提条件之一就是可靠计量。所以，当我们阅读或理解一份财务会计报表时，一定要考虑其交易或事项在列报或披露过程中是否合理。

譬如，金鸡岭股份公司的经理黄晨毅出差归来，到财务部找会计夏萍报销。夏萍报销后随手做了一张会计凭证：

借：火车票　　　　　　　　　　　　　　1 100
　　贷：现金　　　　　　　　　　　　　　　　　1 100

期末，该笔业务在财务会计报表中的货币资金和管理费用均予以反映。当审计人员进行审计时，有人认为该企业财务会计报表发生误报，为什么呢？因为会计凭证错了，是这样吗？应该说，该公司的财务会计报表信息并没有问题，因为费用已经确认，差旅费信息已经列报，没有问题。如果说有问题，只能说该公司会计基础工作不规范，为什么呢？因为会计科目使用不规范，但财务会计信息并没有列报或披露并没有出错。所以，理解财务会计报告信息之前首先需要判断该信息生成时会计确认是否合理。

那么，哪些信息需要在财务会计报告中予以列报或披露呢？简单说，凡是决策有用的信息均应列报或披露。那么，哪些信息是决策有用的信息呢？这取决于决策人的决策动机与目的。

财务会计报告一般情况下主要是对外报告，也就是面向企业外部使用人报告。企业外部财务会计报告使用人通常包括：政府、企业出资人（某种程度上，企业出资人也可看作是内部人，但在资本市场上，出资人又是投资人）、债权人以及其他各类投资者等。一般情况下，政府比较关心企业经营行为是否合规、企业纳税情况，当然也关心企业的发展前景及其所尽的社会责任。除此之外，其他人员使用财务会计报告进行决策的主要动机包括：项目投资、并购、债权债务处理、证券投资与处置等。在这些决策过程中，决策人主要考虑的问题是：所面临的风险、商业前景、行为合规性与可行性、价值和价格、可持续性以及盈利能力和流动性等。所需企业信息主要包括：公司治理、商业前景、资产状况、价值和价格、信用能力、盈利能力、流动性以及可持续性等。基于此，财务会计报告则必须反映这些信息。由于无法概括出各类决策人决策时所需要的完整信息，财务会计报告只能依据企业会计准则等相关法律法规要求客观地披露应该披露的信息，以及在相关规定允许的范围内，企业认为需要自愿披露的信息或者相关决策人要求的信息。企业会计准则等相关法律法规要求披露的信息我们可以认为是一般信息，而企业自愿披露或者相关决策人要求的信息可以认为是特殊信息。我们在阅读财务会计报告时要特别关注披露特别信息的动机和目的，防止被该类信息误导决策。

2.3 财务会计报告信息质量要求

依据企业会计准则，企业财务报告中所提供的会计信息质量的基本要求主要包括：可靠性、相关性、可理解性、可比性、实质重于形式、重要性、谨慎性和及时性等。在教科书中，关于会计信息质量特征介绍比较多，在此笔者不再赘述，但是实务中对可靠性内涵的不同理解，导致会计信息在列报或披露时所选择的会计政策差异较大，并且有时会产生不同的经济后果，导致资源错配，因此，在此仔细分析一下如何理解会计信息的可靠性。

按照教科书的介绍：会计信息要有用，必须以可靠为基础。如果财务报告所提供的会计信息是不可靠的，就会对各使用者的决策产生误导甚至造成损失。为了贯彻可靠性要求，企业应当做到：一是以实际发生的交易或者事项为依据进行确认、计量，将符合会计要素定义及其确认条件的资产、负债、所有者权益、收入、费用和利润等如实反映在财务报表中，不得根据虚构的、没有发生的或者尚未发生的交易或者事项进行确认、计量和报告。二是在符合重要性和成本效益原则的前提下，保证会计信息的完整性，其中包括应当编报的报表及其附注内容等应当保持完整，不能随意遗漏或者减少应予披露的信息，与使用者决策相关的有用信息都应当充分披露。三是包括在财务报告中的会计信息应当是中立的、无偏的。如果企业在财务报告中为了达到事先设定的结果或效果，通过选择或列示有关会计信息以影响决策和判断的，那么这样的财务报告信息就不是中立的，也是不可靠的。为了便于大家进一步理解，举例如下：

投资银行经理黄心怡为了辅导企业上市赴禹州瓷器股份有限公司（以下简称：禹州瓷器）考察上市项目，该公司财务总监吴盼陪同。在公司仓库调研时，吴盼向黄心怡介绍了公司存货情况。禹州瓷器产品一般包括：日常生活用品（主要是碗、杯子、盘子等）以及工艺品（包含艺术品）。吴盼同时描述说：日常生活用品在成本核算时主要采用历史成本法计量，由此，该公司期末存货计价也是历史成本法计量模式。但是对于该公司的艺术品就不一定了，为什么呢？她指着一件造型为观音菩萨的产品说，这件艺术品是国家特级工艺美术大师精心做出来的，在一个月前，一位企业老总从这里"请走"了一尊"观音菩萨"，总价款是 28 万元。为了准确反映这类存货的价值，吴盼认为禹州瓷器应该采用公允价值计量模式进行计量，并在该公司的财务会计报告中予以反映。这类存货在仓库的总库存数为 1 000 件，所以对此在资产负债表反映出 2.8 亿元的存货余额，后来经审核，该公司这类存货实际成本为 3 000 元/件，如果按照历史成本法计量，这类存货余额应该是 300 万元。现在，如果你是黄心怡，你认为禹州瓷器会计信息披露是否可靠呢？

首先，我们要了解公允价值计量模式适用的条件。所谓公允价值计量是指以市场价值或未来现金流量的现值作为资产和负债的计量属性，目的是提高会计信息的可靠性和相关性，及时反映市场价值的变动信息，更是及时反映企业的现时价值，便于全面衡量企业经营业绩，无论是中国会计准则还是国际财务报告准则，引入公允价值的目的是更好地服务于信息使用者的决策。在公允价值计量属性下，资产和负债按照在公平交易中熟悉情况的交易双方自愿进行资产交换或者债务清偿的金额计量。通常情况下，资产的公允价值应根据公平交易中的销售协议价格来确定；如交易双方不存在销售协议但存在资产活跃市场的，应当按照该资产的市场价格来确定；如交易双方不存在销售协议且不存在资产活跃市场的情况下，公允价值就参考同行业类似的最近交易价格或者结果进行估计；如果仍然不能取得同行业类似资产最近交易价格或者结果，则以该资产预期的未来现金流量的现值作为公允价值。

参照企业会计准则的描述，禹州瓷器的存货信息列报似乎没有什么问题，好像符合公允价值计量模式条件。那么，将历史成本计量模式改为公允价值计量模式能给禹州瓷器带来哪些好处呢？期末存货计量模式改变，使得禹州瓷器期末净资产余额增加了 2.77 亿元。如果禹州瓷器能够成功上市，且采用 2 倍的市净率进行估值，则该公司市值将增加至 5.54 亿元，如果该公司可以享受超额配售资格，增发 30% 股票，那么因为这一会计政策的调整，该公司则可在证券市场上多募集 1.662 亿元左右的资金。那么现在如果你是注册会计师，你会如何处理这件事呢？

首先肯定是不同意禹州瓷器将历史成本计量模式变更为公允价值计量模式来处理存货期末价值的。为什么呢？因为这样生成的会计信息不可靠。虽然该公司艺术品销售账中有 28 万元/件的记录，但应该看到这种交易是一种偶然事件，这种定价是出于购买者的偏好，所以以此为依据调整会计政策是不合理的，同时对证券市场的投资者来说，也是不公平的，所以这种会计信息是不可靠的，不利于财务会计报告使用人进行决策。

我们在阅读财务会计报表时应该明白：会计信息生成经历了确认、计量、记录和列报或披露等过程，这其中，确认与计量非常关键，在某种程度上，会计信息的可靠性主要取决于交易或事项能否可靠计量。同时，我们也必须关注会计政策使用时的弹性①，否则，我们将不能很好地判断会计信息质量，更不能较好地运用会计信息做出科学的判断和决策。

如果企业披露的会计信息达到可靠性要求，那么，它披露的信息也应该可以做到与财务会计报告使用人决策相关。会计信息的可靠性和相关性是会计信息质量的基本要求，所以，我们在依据财务会计报告披露的信息进行决策之前，首先要判断一下企业披露的会计信息是否可靠和相关，以避免决策风险。

---

① 关于会计政策的弹性将在后文中逐步讨论，在此不做论述。

3　财务会计报告与企业商业模式

在导论部分，我们将商业模式定义为一种能够创造价值、难以模仿的、独一无二的创意。好的商业模式一般至少具备以下条件，即好的发展前景、好的盈利能力、好的流动性、好的信用水平、好的技术和足够的研发投入、好的公司治理机制以及可持续发展能力等。在决策时，需要判断什么是好的商业模式，或者说，需要依据这些标准来搜寻相关信息为决策提供支持，此时如果是决策者自己去搜寻这些信息，会产生较大的搜寻成本。而财务会计报告要求为决策者提供决策有用信息，因此，一份企业财务会计报告至少需要反映评价这些条件的相关信息。如果说一种商业模式就是一个商业故事，那么，财务会计报告就必须客观、公正地披露这个商业故事的相关信息。作为外部的财务会计报告使用人就必须能够读懂这些商业故事的相关信息。由于财务会计报告的信息生成过程总会受到各种各样因素的干扰，导致财务会计报告不可能完全地或者最真实地反映商业模式的实际情况，所以，财务会计报告使用人必须明白财务会计报告与商业模式之间信息的内在逻辑。

3.1 财务会计信息影响商业故事的路径

如果把企业看成是为了降低契约成本（交易成本）而设计的一系列契约的连接点（Coase，1937）[1]，这一系列企业契约关系人大都要求了解企业经营能力以及其他的责任和义务，财务会计报告则是提供这些信息最佳机制。许多利益关系人可以通过财务会计报告信息了解企业真实状况以及相关契约的责任、权利和义务，分析企业商业前景与业绩，并据以做出决策。财务会计信息是如何影响财务会计报告使用人的决策，从哪些路径影响商业经济业绩呢？布什曼等[2]认为财务会计信息可以从三个路径影响商业经济业绩：一是企业及其市场竞争者的财务会计信息可以帮助企业投资人及经理人发现并评估投资机会，并据此判断哪些项目是好项目，哪些是坏项目，即哪些是好的商业创意，具有好的商业前景和业绩，从而引导资源配置。二是高质量财务会计信息能够消除企业的代理冲突，抑制代理成本，具有治理作用，对投资人利益具有保护作用，从而提升企业经营能力。三是高质量的会计信息可以降低信息不对称，抑制逆向选择，降低流动性风险，特别是在资本市场，企业可以通过高质量的财务会计信息，降低筹融资成本，同时对外部投资人的利益也起到保护作用，促进资源有效配置。具体见图 3-1[3]。

---

[1] COASE R. The Nature of the Firm [J]. Economica 4, 1937 (386): 357-376.
[2] BUSHMAN R M, SMITH A J. Transparency, Financial Accounting Information, and Corporate Governance [J]. FRBNY Economic Policy Review April, 2003: 65-88.
[3] BUSHMAN R M, SMITH A J. Transparency, Financial Accounting Information, and Corporate Governance [J]. FRBNY Economic Policy Review April, 2003: 65-88.

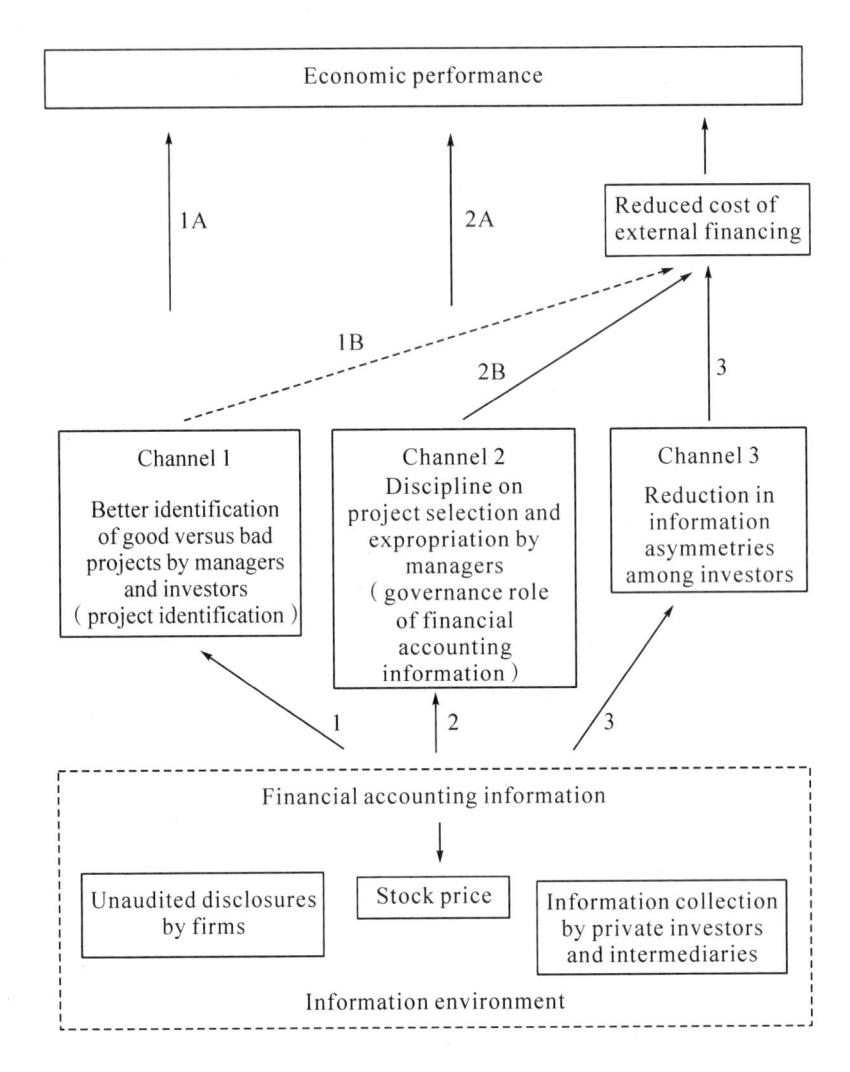

图 3-1 财务会计信息影响经济业绩路径

总之，高质量的财务会计信息有利于投资人发现商业机会，提升企业治理能力，抑制信息不对称和逆向选择，保护投资人的利益，减少流动性风险，促进资源有效配置，从而提升商业经济业绩。

尽管高质量的财务会计信息有利于提升业绩，保护决策人利益。但是我们也应看到，在财务会计信息生成过程中，总有这样那样的主观或客观的因素干扰，使得财务会计信息不能够准确地反映商业活动的真实情况，在信息生成过程中产生噪音，或者由于企业出于某种动机或压力利用会计政策、会计估计的弹性，粉饰财务会计信息，从而降低了财务会计信息的质量，致使财务会计报告使用人做出错误判断，导致资源配置无效。因此读懂一份财务会计报告是每一个做决策的人必须具备的能力。下面就简要介绍读懂一份财务会计报告的基本路径。

3.2 从商业故事到财务会计报告

每一种商业模式或者商业故事都是通过一个个商业活动实现的。那么，商业活动的信息是如何在财务会计报告中体现的呢？参见图 3-2。

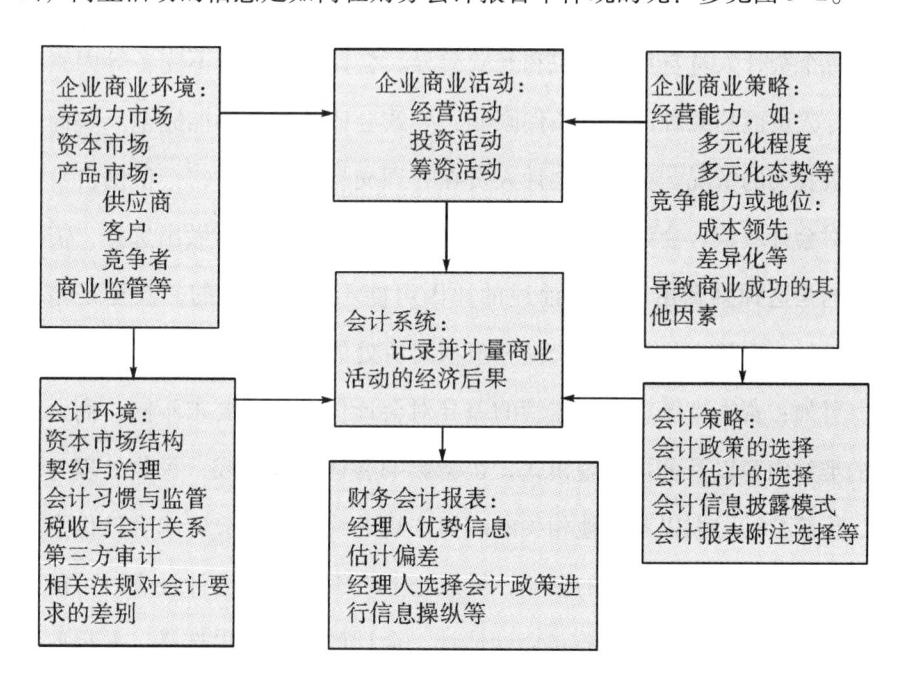

图 3-2 从商业活动到财务会计报表

从图 3-2 可以看出，企业商业活动一般包括：经营活动、投资活动和筹资活动。企业商业活动的开展往往会受到企业内外环境影响：内部影响因素包括企业所采取的商业策略，比如是多元化经营还是专注某一行业策略，以及多元化经营态势，竞争上是采用成本领先策略还是差异化策略，此外还有公司治理等导致商业成功的因素影响；对于企业外部环境来说，企业所处劳动力市场情况、资本市场情况、产品市场竞争情况以及政府对其所处行业和本身监管状况都会影响企业商业活动的开展。

企业商业活动通过会计系统或者说会计方法来记录和计量其经济后果，但会计系统同样也会受到会计策略和会计外部环境的影响。虽然企业会计准则以及相关政策文件对所有商业活动所产生的交易和事项如何进行会计处理都做出了规范，但企业会计准则主要是基于原则导向起草的，在许多具体交易和事项处理时需要会计人员依据会计准则和相关规定做出判断。每个会计人员自身的学识和经验差异、会计准则本身不完备等因素以及会计人员面临某种压力或条件限制，导致会计信息并不能完全反映商业活动最真实的情况。譬如：会计人员在处理交易和事项时，会依据自身的判断对会计政策、会计估计、会计报表附注披露信息内容做出选择，需要注意的是这种判断由于存在前述的原因可能不是最正确的，甚至是错误的。此外，会计人员在处理交易和事项时所处的会计环境也会影响到其判断。譬如：资本市场、会计监管的差异对会计信息披露要求不同；商业活动的契约内容以及公司治理模式，也会影响会计信息生成；税收处理与压力、传统会计习惯以及其他相关的法律法规的约定同样会影响会计信息生成。这些会计内外部因素的影响，导致企业在编制财务会计报表时可能会利用内部经理人的信息优势对会计估计、会计政策等做出选择，并据此操纵会计信息，最终导致会计信息不可靠、不相关，不利于财务会计报告使用人决策，不能反映企业受托责任。

基于上述分析，要求财务会计报告使用人在使用财务会计报告时首先要考虑会计信息生成过程是否可靠，会计报告披露会计信息的动机和目的，这些信息生成的过程中是否存在噪音，特别是要理解会计政策的弹性对会计信息的影响，只有剔除了这些影响噪音，才会使会计信息真实可靠，才能真正读懂企业商业故事，才能真正理解企业商业逻辑，才能回避决策不当所带来的风险。

3.3 从财务会计报告到商业故事

前面我们简要地介绍了商业环境和商业策略、会计环境和会计策略对财务会计报告以及会计信息生成可能产生的影响。那么我们在做什么决策时需要使用财务会计报表？需要做哪些分析？如何分析呢？参见图3-3。

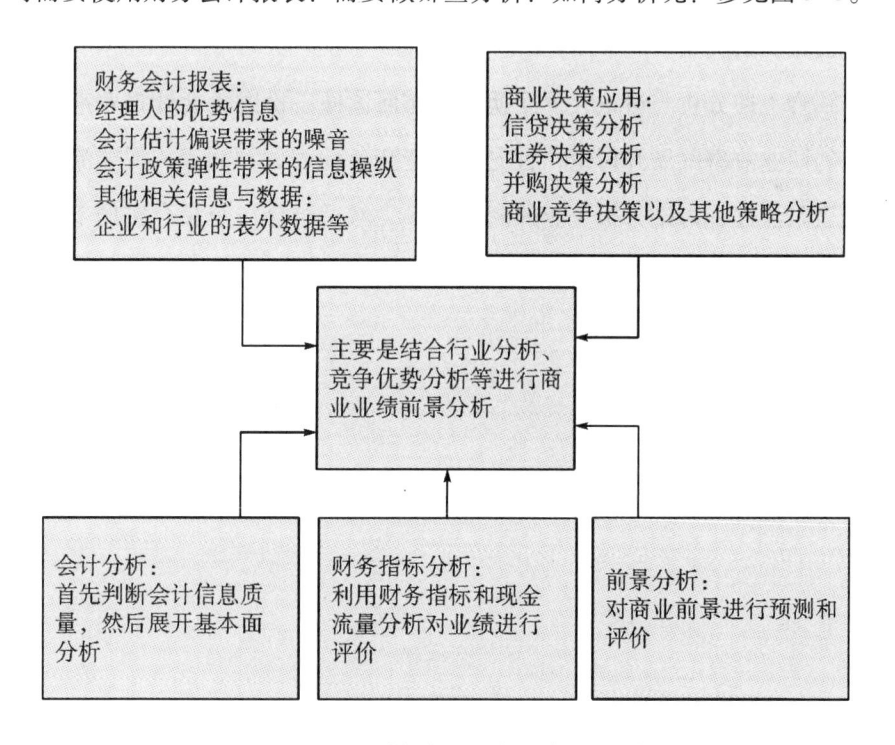

```
财务会计报表：                    商业决策应用：
经理人的优势信息                   信贷决策分析
会计估计偏误带来的噪音              证券决策分析
会计政策弹性带来的信息操纵           并购决策分析
其他相关信息与数据：                商业竞争决策以及其他策略分析
企业和行业的表外数据等

              主要是结合行业分析、
              竞争优势分析等进行商
              业业绩前景分析

会计分析：          财务指标分析：         前景分析：
首先判断会计信息质    利用财务指标和现金     对商业前景进行预测和
量，然后展开基本面    流量分析对业绩进行     评价
分析               评价
```

图3-3　利用财务会计报告解读商业故事

从图 3-3 可以看出，利用财务会计报告进行决策分析主要是在信贷决策、证券决策、并购决策、投资决策以及商业竞争决策等方面展开分析。在利用财务会计报告时，我们要结合行业及其他相关信息和数据进行分析，同时要考虑财务会计报告可能会被经理人利用信息优势、会计政策和估计弹性进行粉饰。

一般情况下，理解商业故事主要是要对商业活动未来业绩进行判断和估计，也就是要对商业活动未来前景进行判断。在这个过程中，我们首先要进行会计分析。在开展会计分析之前，我们要对会计信息质量做出判断，是否是可以信赖的会计信息，然后才可以依据会计信息展开商业前景及其基本面分析，判断经营风险。其次，进行财务指标分析。也就是通过计算和分析一系列财务指标和现金流量来进行财务分析，判断财务风险。最后，在基于会计分析和财务分析的基础上进行商业前景预测和评估，以便做出相关的决策。

结合上述分析与讨论，下面就通过如何读懂一份财务会计报表来理解企业的商业故事并展开讨论，首先基于资产负债表、利润表、现金流量表及报表附注逐一讨论分析企业的商业故事，然后结合一个综合实例予以总结分析。

4 资产负债表中的商业故事（上）

4.1 资产负债表与商业故事

依据企业会计准则，资产负债表是反映企业在某一特定日期（月末、季末、半年末、年末）财务状况的财务报表。它是根据资产、负债和所有者权益之间的相互关系，按照一定的分类标准和一定的顺序，把企业在一定日期的资产、负债、所有者权益各项目予以适当排列并对日常工作中形成的大量数据按照重要程度进行整理后编制而成的。它表明企业在某一特定日期所拥有或可控制的、预期能为企业带来利益的经济资源，所承担的现有义务和所有者对净资产的要求权。一般情况下，资产负债表的主要作用为：一是反映企业资产的构成及其状况，分析企业在某一日期所拥有的经济资源及其分布情况。二是可以反映企业某一日期的负债总额及其结构，分析企业目前与未来需要支付的债务数额。三是可以反映企业所有者权益的情况，了解企业现有投资者在企业投资总额中所占的份额。通过资产负债表可以分析、评价和预测企业的短期偿债能力、企业的长期偿债能力和资本结构、企业的变现能力和财务弹性以及企业的绩效，为企业做出合理的经营决策提供信息支持。

如果依据资产负债表仅仅是做财务分析，那是不够的。我们还应该依据资产负债表来理解企业商业故事，分析商业模式并予以评价。一般情况下，有什么样的商业模式就应该有什么样的资产负债表。高质量的资产负债表应该能够充分体现出企业商业故事的真实情况，反映出其商业模式的特征，能够据以对商业模式做出评价，以便能够做出科学、合理的决策。

那么，我们应该从资产负债表中了解哪些商业故事呢？第一，通过分析资产结构、负债结构以及所有者权益等相关信息，应该可以基本判断企业所处的行业及其他基本特征，比如是商品流通企业还是制造业，是国有企业还是民营企业等。第二，通过分析流动资产与负债状况，了解企业的流动性及信用状况。第三，通过分析固定资产状况，了解企业的产能。第四，通过无形资产和研发投入，了解企业技术状况及前景。第五，通过分析所有者权益，了解公司治理情况。除此以外，我们还应该充分判断企业在编制资产负债表时可能出现的会计政策和会计估计的弹性，以及粉饰资产负债表的基本手段，以便能更好地理解企业商业故事。

基于上述的分析，我们可以以此为依据对企业商业模式的流动性、信用状况、技术和商业前景以及公司治理状况做出合理的判断与评价，为判断企业盈利能力和持续经营能力打下基础。由于相关内容较多，考虑编排需要，本书分两章对相关内容予以表述。本章主要介绍资产负债表中的会计政策和会计估计的弹性及其影响，以及会计报表附注信息对资产负债表理解的影响，下一章主要介绍如何读懂一份资产负债表。

4.2 资产负债表中的会计估计、确认与计量的弹性分析

在读懂资产负债表中的商业故事之前,我们首先要明白在编制资产负债表时可能会面临哪些会计政策和会计估计的弹性。所谓会计政策的弹性是指在财务会计报告编制过程中,会计人员在企业会计准则及相关管理规定允许范围内,依据自身的学识和经验,结合企业交易和事项的事实,对会计政策的使用做出判断和选择。

由于每一个会计人员自身的学识和经验不同,其对企业会计准则及相关规定的理解是不同的,特别是在一定的特殊环境中,对一些较为复杂的业务,如何按照企业会计准则及相关规定要求,客观、真实地反映交易和事项的事实有时候是不太好拿捏和把握的。譬如:企业可能正面临谋求上市、申请贷款、避税、并购、投资、业绩考核、债务偿还等情况,在这些情况下,企业经理人可能面临某种压力,导致经理人出于满足这种压力的需要(如上市对盈利要求的条件、年终奖金对业绩的考核等)或者私人收益最大化的诉求,会对会计政策和会计估计做出选择。当然有时也可能是自身学识与经验的问题。对企业会计准则及相关规定理解不同,对企业某种业务事实(交易和事项的本质)理解不同,可能会导致在财务会计信息生成或披露过程中对会计政策和会计估计做出不同选择。会计政策和会计估计的不同,将导致会计信息质量产生较大的差异,可能给财务会计报告使用人的判断和决策带来较大的影响。需要说明的是,会计政策和会计估计的弹性选择,有时可能是主观故意的,因为企业会计准则固有的局限性,所以有时也可能是客观存在的。并且会计政策和会计估计的弹性选择并不必然产生不良后果,只有在企业经理人主观故意对会计政策和会计估

计做出弹性选择，故意粉饰财务会计报告和会计信息时，才可能对会计信息质量产生影响，且经理人的行为不一定是违规的。这正是会计政策和会计估计的弹性对财务会计报告或会计信息质量的影响难以把握的地方。所以，要求财务会计报告使用人在阅读财务会计报告之前，应充分考虑会计政策和会计估计的弹性给会计信息带来的影响，然后再据以判断与决策。

那么，资产负债表中哪些项目可能面临会计政策和会计估计的弹性问题呢？一般情况下，经理人粉饰会计信息的动机主要是为了满足企业或者私人收益最大化，所以，被粉饰的会计信息最终主要体现在盈余质量、净资产质量、现金流质量、偿债能力、公司发展前景以及公司治理和可持续经营能力等方面，因此只要涉及这些方面的项目，理论上都有可能面临会计政策和会计估计的弹性问题。由于财务会计信息生成主要通过各类交易或事项的合同（契约）签订、会计的确认与计量、列报与披露等几个环节，下面结合作者三十年来的从业经验，简要介绍一下识别资产负债表中会计政策和会计估计弹性的路径与方法，以飨读者。

4.2.1 会计估计的弹性及其影响

依据现有的企业会计准则，会计估计是指对结果不确定的交易或事项以最近可利用的信息为基础所做出的判断。进行会计估计是为了定期、及时提供有用的会计信息，依据会计分期假设，将企业持续不断的营业活动（经济业务）划分为各个阶段，如年度、季度、月度，并在权责发生制的基础上对企业的财务状况和经营成果进行如期确认、计量和报告。合理地进行会计估计，不仅有助于企业为会计信息使用者编制出客观、公允的财务报表，也有助于企业利益相关人了解企业的真实情况，能够据此做出正确的判断和决策。

实务中，需要进行会计估计的项目通常有：计提坏账；存货遭受损毁、全部或部分陈旧过时；固定资产的使用年限与净残值；无形资产的受益期限；或有损失等，也就是在编制财务会计报表之前，先要对这些资产的价值进行减值测试，或者计提准备，或者估计摊销期限等。如何进行会计估计在企业会计准则和会计制度以及相关指南中有具体介绍和指引，但现实中，有时企业可能面临某种压力或动机会利用会计估计进行粉饰会计信息，财务会计报告使用人必须注意识别。下面简要举例说明其影响，提示关注这一现象。

2004年，河滨耐火材料股份公司[①]（下面简称河滨耐火）在赴香港上市时，注册会计师黄思思对其应收款项余额9 600万元按照账龄分析法计提了8 400万元的坏账准备，河滨耐火财务总监胡卜认为黄思思计提有问题，原因是账龄分析有问题，黄思思是遵循国际惯例分类按照挂账30天、60天、90天、180天以上分别计提5%、10%、50%、100%坏账准备，正因为这样计提，使河滨耐火利润由账面3 700万元变成亏损4 700万元，导致河滨耐火估值下降，可能无法登陆香港市场。由于双方的争议，河滨耐火更换了会计师事务所和会计师，并调整策略，赴NASDAQ上市。与继任会计师李愧讨论坏账计提时，胡卜认为河滨耐火是中国大陆的公司，所选用会计政策和会计估计应该遵循中国大陆的会计准则及相关规定或会计习惯。因此，该公司账龄分析可以遵循挂账1年、2年、3年、5年的规定或习惯进行分析。而李愧认为这不符合国际惯例及美国会计准则，双方争论激烈，最终采取折中方案，依据行业特征进行测试。经过测试，当时耐火材料行业应收款平均账龄为270天，且挂账270天坏账率为0.7%，最终双方约定，坏账计提按照270天、540天、810天以上分别按1%、5%和15%计提坏账准备，总计提取了630万元的坏账准备。

[①] 为了行文方便和便于理解，本书中举例的企业名称和人物姓名除了特别明确外，所有举例的企业名称均为虚构，如有雷同，实属巧合。

在这其中，还有一个有意思的问题，即账龄是从哪天算到哪天的问题。譬如：张三公司1月1日销售10 000元商品给李四公司，而李四公司未付款；2月1日，3月1日，张三公司又分别销售给李四公司10 000元，李四公司均未付款，截至4月30日余额为30 000元；5月1日，李四公司向张三公司支付了15 000元，张三公司应收款余额为15 000元；6月1日，注册会计师进行审计，那么这笔余额的账龄应该是多长时间呢？李愧和胡卜都遵循了一个会计习惯，按照最后一笔汇款日进行测算，即该笔余额挂账时间为1个月。正因为胡卜了解这一会计习惯并充分利用这一会计习惯，在李愧正式进入河滨耐火之前的2个月内，与其客户沟通，促使4家挂账4年总金额约为4 000万元的客户突击回款了10万元。这样使得余额4 000万元的应收款的账龄由原来的4年变为60天内，基于胡卜与李愧讨论的约定，河滨耐火坏账准备也少计提了3 600万元，变相调整利润3 600万元。在这一处理过程中，作为注册会计师李愧不知出于什么原因，对这一处理并没有提出异议，最终，审计意见发表了无保留意见，致使河滨耐火上市成功。但三年后，在对河滨耐火审计中发现这一问题，并做了严格处理，河滨耐火又从NASDAQ退市并受到应有处罚。

从上述实例来看，会计估计弹性如果被不正当使用，会影响一种商业模式或者项目的盈利水平，会直接影响财务会计报告使用人对会计信息的误读，错误地理解企业商业模式实质及其商业故事，最终做出错误的决策，导致资源错配。所以，我们应该合理地进行会计估计，以确保会计信息真实可靠。

4.2.2 会计计量的弹性及其影响

会计计量是财务会计的一个基本特征，是对会计要素按货币量度进行量化的过程，即确定其金额的过程，是一种价值计量。所谓计量属性，是指被计量客体的特性或外在表现形式，如对于一件产品，可以分别从长度、宽度、高度、体积、重量等方面进行测量。而会计计量的内容是经济活动中能用货币表现的方面，从不同的时空角度得出的货币量度是不同的，从而形成不同的计量属性，因此，会计计量属性，是指会计要素可用财务形式定量化的方面，即能用货币单位计量的方面。依据企业会计准则，目前会计计量属性包括历史成本、现行成本、可实现净值、未来现金流量现值等5种计量属性，分别反映交易和事项的原始取得成本和原始收入、现行成本和现行收入、未来重置成本和未来脱手价值等。由此产生了历史成本、重置成本、可变现净值、未来现金流量现值等计量模式。一般情况下，企业会计准则要求采用历史成本计量模式，使得会计信息具有可比性。但是由于物价变动、世界经济一体化以及会计信息的外延不断扩展等因素的影响，会计的职能由单一的反映和监督职能扩展为治理和保护、评价经营业绩、参与经营决策和预测经济前景等职能。这就要求企业提供的会计信息必须与经营预测、决策具有相关性，准确及时反映经济前景，仅仅提供历史成本信息不能满足现代会计职能的需要，这就要求企业提供的会计信息不仅包括历史成本，有时还需要包括未来相关信息，因此有时财务会计需要计量其他属性，如现行成本或未来现金流入量现值等。由于每一个财务报表要素都有多种属性可以计量，因此在编制财务报表之前，必须先确定应予以计量的属性，并且应该在报表附注中予以充分说明和解释，以便财务会计报告使用人进行正确判断与决策。这就要求会计人员在编制财务会计报表之前，根据交易和事项的事实，做出合理判断，选择合理的计量属性。不同的计量属性将导致会计计量的经济后果差异巨大。第二章中介绍的禹州瓷器的存货计量就是一个很好的事例，下面再举一例提醒广大财务会计报告使用人注意这方面的影响。

2005年，湖滨旅游科技股份有限公司（以下简称湖滨旅游）拟赴香港证券联合交易所发行股票,在正式提交财务会计报告进行审计时,财务总监李苻发现公司于 2000 年开始研发的一项关于生产旅游鞋的技术已于 2004 年获批发明专利,该项研究开发总计投入了 300 万元,预计未来 5 年该项技术所带来的收益估计为 3 亿元。湖滨旅游于 2004 年 10 月在该项专利批准后将该项技术确认为无形资产,按成本 300 万元在财务会计报表中列报。李苻认为按 300 万元计量不能真实地反映该项无形资产的价值,特别是上市后由于资产价值低估会导致原始股东利益受损,因此,李苻建议改变该项无形资产计量属性和计量模式,由历史成本计量模式改为可实现净值计量模式,或者重新估值入账并列报,也就是按照 3 亿元价值反映。但是,按照有关规定,企业如果没有特殊业务情况,不能将资产自行入账,同时也存在如何准确、合理地计算可实现净值的问题。经过商议,最终湖滨旅游于 2005 年 3 月用该项技术投资成立了一个全资的子公司,该项无形资产评估为 3 亿元,并据此入账并予以列报。湖滨旅游通过编制合并会计报表将其列报。这一计量模式的改变,使得湖滨旅游的净资产和收益升值,提高了公司的市值估值和股票定价,对投资者的判断产生了较大的影响。

针对这一问题后续的会计准则已经予以重新规范,但是,我们可以看到,尽管会计准则及相关法规对计量属性和计量模式有较多的原则性规定,但在实务中,由于各种主客观因素的影响,企业可能出于不同动机和目的,会利用会计各种计量属性和模式粉饰会计信息,财务会计报告使用人应该注意识别。

4.2.3 会计确认的弹性及其影响

依据企业会计准则,会计确认是指依据一定的标准,辨认哪些数据能输入、何时输入会计信息系统以及如何进行报告的过程。会计确认包括会计记录的确认和编制会计报表的确认，会计确认贯穿了整个会计工作的始终。会计要反映经济活动，需要从企业收集大量的经济活动所产生的数据，而这些经济数据并非全部属于会计信息系统处理对象的范围。会计处理的对象是能引起会计要素变化的各项经济业务。因此，企业各项经济业务所产生的数据是否应当在会计凭证、账簿中加以记录，以及怎样把账簿中的信息和其他数据转化为财务会计报告，都必须经过会计确认进行辨别和认定。凡是需要经由会计人员编制并经过外部审计人员鉴证后的，需要在财务会计报表上列报的项目都需要经过会计的确认，对于公司自愿披露的信息如管理当局的盈利预测和声明等，则不需要经过会计的确认。因此会计确认界定了会计记录的范围并决定了财务会计报表的内容。能够予以确认的经济事项（交易和事项），必须符合下列基本标准：①可定义性，即应予以确认的项目必须符合某个财务报表要素的定义；②可计量性，即应予以确认的项目应具有相关性和可靠性，应予以确认的交易或事项要能够以某种计量属性可靠地进行计量；③相关性，即应予以确认项目的有关信息可以使财务会计信息使用者在决策中进行差别判断和决策；④可靠性，即应予以确认的项目的有关信息应如实反映，可验证和不偏不倚。此外，确认标准还要服从效益大于成本和重要性的约束条件，即确认一个项目的预期效益应证明提供和使用该项信息的费用是适当的，且该项目被认为是重要的。最初对资产的取得及负债发生，一般按确认日期的现行价格（历史成本）计量确认；以后，除非发生了改变资产、负债项目或其数额的事项，且该事项符合确认的标准以及有关会计规范，原则上应继续以原确认的数额为准。

尽管企业会计准则对会计确认有明确规定，但实务中，企业可能出于某种动机会利用会计确认粉饰财务会计报表信息，举例如下：

江滨生物科技股份公司（以下简称江滨生物），主要从事兽药生产和销售，2005年拟赴香港上市，其财务总监王佳在审核财务会计报表时发现固定资产占资产总额的比重为10%，比重过低，认为该公司产能利用率偏低，不能支持投资人对江滨生物的销售和信用做出合理判断。因此，王佳指导主管会计将公司持有的一副明代知名画家画的古画以5 000万元在财务会计报表中以固定资产予以确认，进行列报，由此，使得江滨生物的固定资产比例提高至25%。注册会计师黄晨毅在审计时对此提出异议，认为一副古画不符合资产以及固定资产确认的条件，特别是不符合会计确认的基本条件，因为古画首先不能可靠计量，也不符合相关性定义。所以，黄晨毅建议江滨生物予以调整财务会计报表的相关项目，最终江滨生物拒绝调整，导致注册会计师对其报表出具了否定意见，影响了江滨生物股票上市。

除了资产的会计确认可能会影响会计信息质量外，收入的会计确认可能影响更大，举例如下：

海滨光电科技股份有限公司（以下简称海滨光电）是一家从事交通设施生产、销售和安装的公司，按照当时的市场行情，一盏LED交通信号灯生产成本大约为300元，但是市场售价是3 000元左右，毛利率大约是90%，一个十字路口所有信号灯及信号机等设施安装完毕大约需要35万元，毛利率大约为85%，所以，仅对交通信号灯来说，如果按照销售行为确认收入，则每销售100元，大约会缴纳15元左右的增值税。2002年该公司赴韩国创业板上市，在上市审计过程中，注册会计师黄晨禹发现该公司在上市之前少缴纳税额3 000万元左右，依据当时的要求，经核算，估计需补交相关税款和费用3 800万元。对此，海滨光电财务总监陈福认为该公司的收入确认有问题，因为，该公司虽然生产交通信号灯，但所有交通信号灯并不直接销售给相关部门，而是在交通设施安装工程中附送给相关部门。据此，陈福指导海滨光电销售员在签订业务合同时，将所有销售交通信号灯及相关设施的业务合同修改为交通设施安装工程合同，并在安装过程中附送交通信号灯及相关设施，由此，海滨光电的业务主要按照营业税（该税种现已取消）相关规定按3%的税率缴纳税收，即每发生100元安装工程业务缴纳3元营业税，而附送的交通信号灯及相关设施则基于谨慎性原则，按照成本视同销售确认收入，所以增值税进销项相抵，几乎不用缴纳。所以，海滨光电不应补缴相关税款，会计师黄晨禹对此表示异议，但海滨光电由于是赴韩国上市，其后聘请了国际知名会计师事务所进行审计，而这家知名会计师事务所对海滨光电收入确认并未产生异议，故出具了无保留意见的审计报告，海滨光电成功在韩国上市。

从上述举例中可以看出，由于企业会计准则对会计确认条件规定具有可选择性，导致实务中企业在进行会计处理时会做出有利于企业自身利益最大化的选择，且选择不一定是违反了企业会计准则或相关政策的规定。因此，实务中，会计确认在不同条件下不容易做出客观、正确判断，所以有时容易被企业用来粉饰会计信息，包装企业商业模式和商业故事，引导资源配置，产生巨大影响。所以，财务会计报告使用人应该格外关注会计确认问题所带来的影响，读懂会计确认的弹性对会计信息乃至商业故事的影响尤为重要。

4.3 结合附注信息读懂资产负债表中的商业故事

由于许多财务会计报告使用人并不是会计专业人士，他们在阅读财务会计报表时很可能或者根本看不懂会计政策和会计估计的弹性，所以，企业必须对财务会计报表所反映的会计信息做进一步解释和说明，这就需要编制会计报表附注。会计报表附注是对会计报表的编制基础、编制原理和方法及主要会计报表项目等所做的解释和进一步说明，以便报表的使用者全面、正确地理解会计报表。依据企业会计准则，会计报表附注至少应当包括下列内容：①企业的一般情况，包括企业发展历史沿革、企业概况、经营范围、企业股权及组织结构以及高管相关信息等内容。②企业的会计政策，包括企业执行的会计制度、会计期间、记账原则、计价基础、利润分配办法等内容。对于需要编制合并报表的企业来说，还要说明其合并报表的编制方法，对于会计政策与上年相比发生变化的企业，应说明其变更的情况、原因及对企业财务状况和经营成果的影响，以及不符合会计假设的说明等。③会计报表主要项目的解释说明，包括对主要报表项目所反映信息的详细说明，例如，对应收账款的账龄分析，报表项目的异常变化及其产生原因的说明等。④分行业、分地区资料（分部报告），如果企业的经营涉及不同的行业，且行业收入占主营业务收入的10%（含10%）以上的，应提供分行业的有关数据。如果企业的经营涉及不同地区，且地区收入占主营业务收入的10%（含10%）以上的，应该提供分地区的有关数据等。⑤重要事项的披露，主要包括对承诺事项、或有事项、资产负债表日后事项、关联方关系及关联方交易、重要资产转让及其出售、企业合并或分立、重大投资和融资活动以及会计报表中重要项目的明细资料等内容的说明。⑥会计报表中重要项目的说明，有助于理解和分析会计报表需要说明的其他事项。

借助会计报表附注，有利于进一步理解资产负债表中的商业故事与逻辑，虽然企业会计准则对会计报表附注做出了原则性约定，但具体如何表述则由各企业或企业经理人自身做出选择，而这种选择不一定是从财务会计报告使用人利益出发，可能主要是满足某种动机需要而以附注方式予以披露，也就是利用会计报表附注讲故事，在实务中对此应该注意防范。举例如下：

河滨禽业科技股份有限公司（以下简称河滨禽业）是从事鸭、鹅等家禽养殖、深加工的企业，2005年拟赴美国上市，注册会计师黄宇欣在会计报表附注发现以下表述（片段）：

河滨禽业于1997年3月在柳州注册成立，成立时公司名称为河滨养鸭场，由韦午、韦齐、韦玖兄弟三人出资，韦午出资100万元，占股45%；韦齐出资55万元，占股30%；韦玖出资30万元，占股25%。值得注意的是，时年韦玖14岁。2000年4月，河滨禽业进行股份改制，增资至3 000万元，改制后，公司名称改为河滨养鸭股份有限公司，韦午占股67%，韦齐占股15%，韦玖占股15%，公司预留3%的股权用于员工股权激励。2003年1月开始，公司谋划赴海外上市并重新设置架构：将公司一分为三，成立河滨生物工程公司，从事家禽养殖；成立河滨禽业科技股份有限公司，从事家禽养殖与深加工；成立河滨柳公鸭餐饮有限公司，从事以鸭、鹅为主的餐饮饭店业务。特别需要说明的是，将整个河滨公司的注册商标统一注册为"柳公鸭"，为什么呢？据传当年柳宗元在柳州当官时，研究了该品种鸭的养殖饲料以及加工配方，并传承至今，所以，河滨禽业养殖和加工的鸭子是最正宗的"柳公鸭"。2004年1月，河滨禽业聘请专家根据养殖饲料以及加工配方撰写专有技术申报书，向相关部门申请专有技术，并于2004年6月获批。2004年8月，河滨禽业将该项专有技术申报为高新技术，并于当年10月获批。紧接着河滨禽业据此将自己养殖的"柳公鸭"深加工产品申报为高新技术产品，由此又将河滨禽业申报为高新技术企业，并于2005年初获批享受税收减免优惠政策。基于此，河滨禽业以河滨禽业科技股份有限公司为主体赴美国上市。

如果你是投资人，当你看到河滨禽业会计报表附注的相关表述，你有什么样的看法呢？你看懂了这里面的故事吗？

第一，我们应该质疑河滨养鸭场及河滨养鸭股份有限公司成立的合规性，因为当年韦玖年龄不足 18 周岁，属于未成年，不具备出资人条件。且一个年仅 14 岁的少年当年是如何取得 30 万元资金的，需要进一步解释。企业改制时，总股权合计只有 97%，预留 3% 的说法不合规，公司工商登记存在问题，这些都需要引起足够的关注。

第二，我们应该知道河滨养鸭股份有限公司 2003 年分拆的目的是为上市搭建一个经营平台、资本运营平台及销售平台。当然，一个公司根据自身发展需要搭建各类平台是必须的，无可厚非。但在河滨养鸭股份有限公司的分拆中，不知出于何种动机，河滨生物工程公司与河滨禽业存在同业竞争关系，河滨禽业在相关文件披露中需要对这一问题予以解释并消除影响。

第三，河滨养鸭股份有限公司分拆后，使得河滨生物工程公司以及河滨柳公鸭餐饮有限公司成为河滨禽业的关联方，这之间是否存在股权投资关联以及三者在经营上是否独立，如存在股权关联，三者之间的股权是如何关联的，对三者的业绩将会产生哪些影响，需要明确解释并披露，特别是三者在市场上是一体化还是独立相互竞争关系，必须说明，以免影响投资人的判断。

第四，我们应该明白，河滨禽业注册"柳公鸭"商标，并依据当年相关规定，申报高新技术企业并享受税收优惠政策，是讲了一个完美的故事。当然这个故事有利于河滨禽业将一只普通的鸭子讲成有故事的鸭子，以利于其设置经营门槛，方便在市场上竞争。但我们应该质疑整个申报过程的合规性。

通过河滨禽业案例，要让财务会计报告使用人明白，会计报表附注虽然可以提供比较详细的信息，但在实务中，企业可能会利用企业会计准则的固有局限，对相关信息过度披露。所以，在阅读报表附注时，要防止信息过载或信息不足问题，以便能够正确做出判断和决策。

通过上述举例，我们可以知道，企业出于不同的动机，会利用会计政策和会计估计以及会计信息的弹性，来粉饰企业的商业模式、财务会计信息等，即通过这些粉饰来包装企业前景，讲述一个美妙的商业故事，引导企业利益相关人的判断和决策，所以在阅读资产负债表之前，我们首先要理解并读懂这些粉饰手段，才能真正理解资产负债表。需要特别说明的是，会计政策和会计估计以及会计信息的弹性合规与否，往往难以识别，这就要求财务会计报告使用人必须提高自身的学识，加以防范。

5 资产负债表中的商业故事（下）

上一章我们介绍了会计政策和会计估计的弹性及其影响，接下来我们着重分析资产负债表给我们带来的商业故事。

5.1 商业模式与资产负债表的结构

通常，企业通过股权或债权方式获取资源（或资本），然后经过自营或对外投资方式获取收益。对外投资在资产负债表中形成投资性资产，而自营方式则形成经营性资产，包括流动资产和非流动资产（固定资产、无形资产等）。不同的资产组合，就形成不同的商业模式或商业故事。由于每一个行业都存在内在固有的利润驱动逻辑，所以商业模式的差异，主要表现为盈利驱动因素差异。在不同的因素影响下，企业资源配置也存在较大的差异，因而产生了不同的盈利点。而这种不同的资源配置，在企业内部就形成了不同的资产，体现在资产负债表中就表现为不同的资产结构。因此，有什么样的商业模式就应该有什么样的资产结构。据此，我们就可以判断企业商业模式的利益驱动因素、前景与风险。当你拿到一份资产负债表时，首先应该研究企业所处行业的基本特征与商业逻辑，然后再判断企业可能的利润驱动因素，基于这种判断，研究企业可能的商业模式，以此判断企业资产结构的合理性。我们可以基于资产的结构去判断企业商业模式的逻辑及其特征，进而判断企业利润驱动因素，以及判断商业前景与风险。具体逻辑见图 5-1。

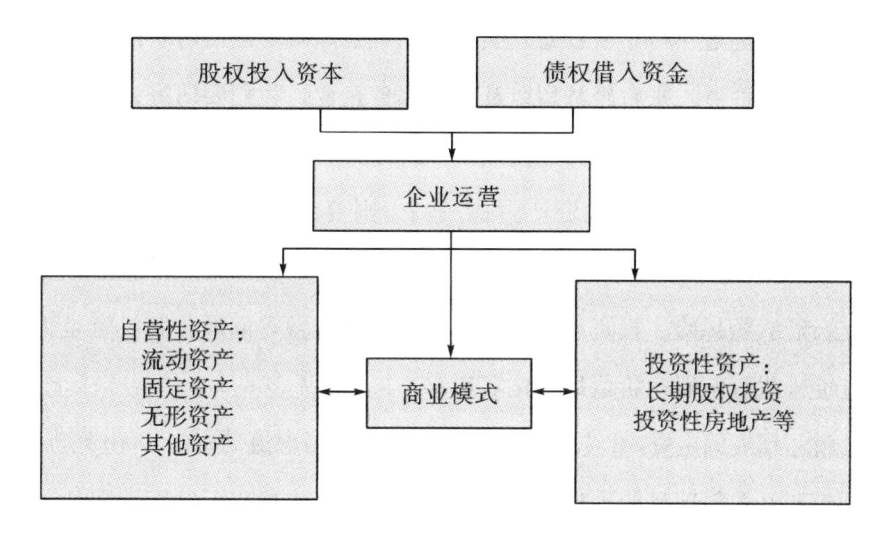

图 5-1　商业模式与资产结构关系

从图 5-1 可以看出：如果一个企业投资性资产占比较低，比如不超过 10%，可以说明该企业是经营性企业，如果投资性资产占比较高，比如超过 50%，则可考虑将其定性为投资性企业。两者之间则要考虑混业经营。资产配置的不同，意味着企业商业模式的不同，资源使用效率也是不同的。如果一家以经营性为主的企业，其固定资产占比较高，比如超过 30%，则可以认定该企业可能是重资产企业，如果这家企业的毛利率较低的话，比如不超过 20%，则说明该企业资产配置效率不高，经营风险可能较高，如果这家企业的债务比达到 70% 以上，则可说明该企业财务风险也比较高。如果一家企业的固定资产占比相对较低，比如 10%，甚至还要低，就可说明该企业是轻资产企业。一般地，轻资产企业如果是科技型企业，则其研究与开发、无形资产的配置占比则较高，由于是轻资产，所以这类企业银行借款占比应该不高，但其股权结构可能比较特别，一般可能是风险基金、私募基金占比较高，要么是合伙形式等，这时候要考虑该企业是否存在对赌协议等。同时要关注这类企业是否是高成长企业，关注其收入、利润以及毛利率增长水平，是否超过行业平均值，一般情况下年增长率至少要超过40%，要注意这类企业的经营风险。当然轻资产企业也有可能是电子商务、平台经济型以及其他服务企业，我们要研究这些行业资产配置的特征，以判断其商业模式是否具有前景。

如果一家企业投资性资产占比较高，则要考虑该企业投资对象的风险，是投资实体企业，还是仅投股权或其他证券，对于投资性企业最主要的是分析投资风险、投资动机与目的以及投资收益等问题，其投资是否有利于企业发展与股东价值最大化实现。

除了研究固定资产、投资性资产占比，还要考虑流动资产、无形资产以及研究与开发等项目的占比。这些资产结构差异也可以反映商业模式的特点。比如一家企业如果是以批发业务为主，其应收应付款项应该占比较高；养殖业的生物资产占比不会很低等。由于市场经济日益复杂，难以简单概括不同的商业模式资产配置特征，但一定要明白，有什么样的商业模式就有什么样的资产配置。我们可以结合行业特征来判断某一商业模式资产配置的合理性或有效性。如果一家企业资产结构偏离行业一般水平，我们则要考虑这家企业的商业模式特点及其盈利驱动因素与行业有什么不同，是否是因为这种行业的差异导致其资产配置差异，且这种配置差异是否能够促使该企业资源配置效率提高，是否利于企业发展，是否利于风险控制等。

5.2 资产负债表中的流动性分析

一个好的商业模式，会促使企业资金周转快，效率高。相反，如果商业模式不好，则会使企业资金短缺，这就是狭义上的企业流动性。企业资金的循环和周转,反映了企业的供应、生产和销售各经营环节的运行效率。资金周转快效益好,反之则周转慢效益差。从这一角度出发,流动性分析也是对企业经营效率的分析。在教科书中,一般把企业流动性定义为企业资产在价值不损失情况下的变现能力和偿债能力。所谓变现能力是企业产生现金流的能力,它取决于可以在近期变为现金的流动资产有多少。偿债能力是企业即时偿还各种债务的能力。一般采用流动比率和速动比率来反映企业流动性状况。在这里,结合实务经验讨论流动性。

松山材料科技股份有限公司(以下简称松山材料)主营建筑材料生产和销售,2006年拟赴美国上市。在审计中,注册会计师黄良峰对该公司资产负债表相关数据表示怀疑,在与该公司总裁吴下讨论时,黄良峰的思路如下:

松山材料资产负债表中反映总资产为2.47亿元,应收款项余额为9 000万元、存货余额为4 200万元。作为注册会计师,黄良峰假设企业财务会计报表所反映的数据均是正确的,因为这两项余额占总资产比重较高,如果这两项余额是正确的,说明企业有1.32亿元资金被客户和自己经营占用,如果企业还能够正常运转,则说明该企业有相应的资金来源予以弥补。一般情况下,流动资金的弥补应该是在正常的经营过程中通过商业信用予以弥补,对应的应付款项余额应该与此相匹配,即应付款项余额应该在1.32亿元左右,以达到流动资金来源与占用平衡,但是松山材料应付款项余额只有1 200万元。这说明松山材料正常的经营不能维持流动资金平衡,企业的流动资金非常短缺,简单地说,松山材料流动资金短缺1.3亿元。那么,如果这三项余额对应关系是正确的,则说明企业有其他的资金来源以弥补流动资金不足。一般情况下,当一家企业发生流动性短缺,首先考虑的是向银行申请流动资金贷款。所以,接下来我们看看松山材料的银行借款余额,资产负债表反映的是3 500万元,如果这个数据是正确的,那么,松山材料的流动资金还是不平衡。当一家企业商业信用和银行信用都不能维持流动资金平衡时，企业有可能向职工或其他渠道募集资金，一般会反映在资产负债表的其他应付款中，但此时松山材料的其他应付款余额为1 000万元，还是不能维持流动资金平衡。那么剩余资金从哪里来，可能有读者会说可以看看实收资本，需要注意的是，实收资本一般在企业注册当年会消耗完毕或进入运营环节，多数时候会形成长期资产。这时候黄良峰发现松山材料未分配利润余额有8 800万元。可以解释为未弥补的流动资金是通过经营结余来弥补。但是，问题来了，松山材料当年实际利润为3 700万元，再追溯至上年度，发现上年度利润为1 500万元，再往上一年度追溯，发现其实现利润仅为500万元，如果按照这个利润增长速度，该企业未分配利润余额需要多年累积才能形成8 800万元，该企业可能存在另一个异常现象，即该企业多年不进行分红。除此以外，一般地，如果一家企业应收款项和存货余额较大，而应付款项余额较小的话，则其经营活动现金流量净值可能是负数，而松山材料的现金流量表反映出来的是1 800万元经营活动现金流量净值。如果是这样的话，该公司的应缴增值税应该较高，且财务费用也应该较高，而该企业反映出增值税只缴了320万元，财务费用只有54万元。当黄良峰与吴卞沟通时，吴卞一再强调该企业不能享受银行信贷和税收优惠政策，所以，黄良峰认为松山材料财务数据会计逻辑上的勾稽关系不成立，其资产负债表数据不可靠。

　　黄良峰上述分析实际上是一种流动性分析，在讨论时黄良峰还直言不讳地指出松山材料的经营风险与财务风险。应收款项和存货余额高，且应付款项余额低，背后的实质可能是松山材料产品出现质量问题，所以客户不及时回款导致高额的应收款余额，生产出来的产品不能及时销售出去导致高额存货余额。由于供应商比较了解松山材料信用状况，不愿意赊销，导致松山材料较低的应付款余额。说明松山材料经营风险较高。由于经营风险产生流动性短缺会引致财务风险，特别高额的未分配利润不得不使人联想该企业可能利用不正当发票粉饰企业盈利水平。如果是一家经营正常的企业，其应收款项和存货余额应该维持一个适中或较低的水平，而应付款项余额则维持一个相匹配的适中水平，则可说明企业流动性充足，经营正常且风险可控。当然，高额应收款项和存货余额如果周转速度非常快，则反映出该企业经营水平高。这里快的标准是指比行业中其他企业的周转速度要高才行。

关注资产负债表中的流动性，实际上还可以通过营运资金进行判断。一般地，营运资金等于流动资产减去流动负债。在教科书中，一般用该指标衡量企业偿债能力，当该指标大于零时，我们认为企业具备偿债能力，否则，企业不能及时偿还当期债务。如果我们对该指标做趋势分析，就会有新的发现。具体见图5-2。

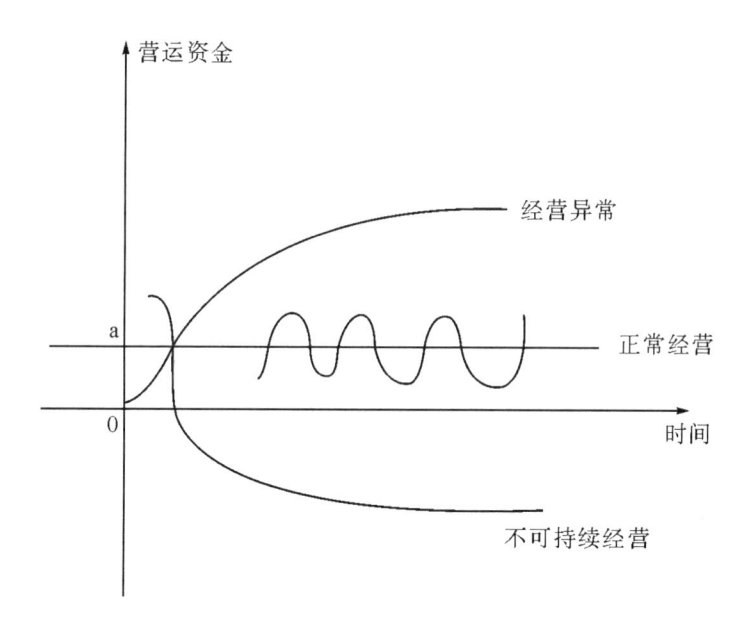

图5-2 营运资金变化趋势图

一般情况下，由于企业每天都在正常运营，所以，企业营运资金应该是围绕一定的水平线上下波动，如图5-2中正常运营线。但是如果企业运营异常，则会出现两种特别情况，一是向上的抛物线，一是向下的抛物线。向上的抛物线意味着企业应收款项和存货余额越来越大，而企业短期信用不变或下降，说明企业运营异常，面临较大的经营风险和财务风险；而向下的抛物线说明企业应收款项和存货余额不变或越来越小，应付账款或银行借款等越来越大，企业出现资金短缺或过度依赖负债运转，资不抵债，一般如果这一现象持续超过 12 个月以上，意味着该企业面临较高的经营风险和财务风险，我们就应该怀疑该企业是否可以持续经营。

5.3 资产负债表中的产能分析

多数时候，很多人拿到财务会计报表对固定资产和在建工程项目不太关注，如果关注也主要关注折旧的估计对利润的影响。实际上固定资产和在建工程主要反映企业现在和未来的产能。一家企业盈利前提条件之一就是具备足够的产能，所以，我们要分析这家企业的产能是否能够足以支撑其盈利水平。当然，现在有些平台型或者研究型企业，都实行代加工模式，委托生产，以减少因满足产能而进行的固定资产和人工的投入，减少企业经营风险和财务风险，提升企业资源配置效率。但对多数企业来讲，固定资产和在建工程的规模直接影响到企业盈利水平和经营风险，规模占比过高，将影响企业资金周转，增加经营风险；规模过低，将可能导致产能不足，导致盈利水平下降，可能会引致经营风险和财务风险。所以，企业必须维持适度的固定资产规模，而这个适度要看企业所在的行业、市场状况以及其自身经营能力，标准可以参照行业经验数据和企业自身历史数据。举例如下：

柳山生物科技股份有限公司（以下简称柳山生物）是一家从事红枣种植和销售的企业，2005 年拟赴美国上市。公司总裁王姗向投资银行经理黄良琴描述说，该公司在若羌县和且末县有种植基地10万亩，每亩可种植枣树200棵，每棵枣树一年大约可产红枣300斤，如此推算，柳山生物三年后收入大约为20亿元。黄良琴对王珊的描述表示质疑，为什么呢？黄良琴认为柳山生物产能不足，因为，一棵枣树成熟期树冠面积大约为$6\sim8m^2$，一亩地大约$667m^2$，所以一亩地最多能够种植100棵枣树，至于一棵枣树能否产300斤红枣暂且不说，就算10万亩地数据正确，但每亩枣树数据不正确，不能提供足够的产能，不足以支持该公司营业收入。

再例如：2002年，洪山建筑有限公司经批准拟在松花江上修建一座双向4车道过江大桥，准备引进社会资本投资，公司总经理向基金公司做路演时介绍，该大桥总投资8亿元，建设期2年，建成后，投资方运营30年，据测算，该桥通车后，每天通车次数大约6万次，所以，投资大约用5年时间可以收回。基金经理黄橙对此表示异议，为什么呢？黄橙说，虽然我不能及时去当地调研测算，正常情况下，一座桥的收费口大约是10个，一天24小时，每小时60分钟，一天收费时间为15 000分钟左右。如果每天通车6万次，则每分钟需要通车4次（需要说明的是，当时不存在ETC相关技术），按照这样的速度，根据当时东北地区的经济条件，是明显达不到的，黄橙说大桥仅有双向4车道，从收费口和车道来说，不足以支持该公司的营业收入，在会计上则可以看作固定资产规模即产能不能支持经营规模，所以公司总经理所披露的信息不可靠。

此外，在阅读资产负债表时，还要关注企业是否存在利用在建工程粉饰利润的现象。即将部分生产成本或期间费用等计入在建工程，利用会计政策和会计估计的弹性有没有及时确认固定资产，这样的好处是，低估当期费用，高估当期收益，包装了企业未来的产能，引导财务会计报告使用人认为企业未来具备扩大产能的潜力。所以，我们在使用会计报告时应特别注意这一现象，以防范风险。

5.4 资产负债表中的技术及其前景分析

与固定资产一样，很多人对资产负债表中无形资产和研究与开发项目的关注不够，多数时候都是考虑无形资产摊销及减值测试问题。当然这些会计估计会影响企业当期业绩，但是无形资产和研究与开发项目则隐藏一个重要信息，即技术前景问题。现有的经济学理论明确指出推动社会与经济高速发展的因素之一就是技术创新，如果一家企业能够掌握新技术，则可以凭此获取超额利润和较高的市场地位。目前，我国企业资产负债表有一个普遍现象，就是表中的无形资产主要表现为土地使用权，而有关技术的信息则反映较少。事实上与土地使用权相比，技术信息更重要。那么，如何分析资产负债表中技术信息，其中会有哪些商业故事呢？

首先，资产负债表中无形资产在剔除土地使用权后，技术余额占比不能是零。我们有很多企业在表外披露时经常介绍自身技术多么领先，但在资产负债表中的反映是零，这肯定不对。那么，哪些技术应该在资产负债表中反映呢？主要包括专利技术、专有技术、著作权（主要是软件著作权）等，这里专利技术最好是发明专利，实用新型专利次之。在资本市场中，许多投资人非常关心被投资企业未来的发展前景，他们的判断主要是基于企业的技术前景。那么，什么样的技术具有前景呢[①]？这要看这项技术解决了人们什么样的问题。一般来说，所有的技术都是解决人们"生活幸福"、安全和好奇等问题的。生活幸福主要就是让人越来越便利，通俗地讲，就是让人越来越"懒"，当你不想洗衣、洗碗，就有了洗衣机、洗碗机，当你怕热，就有了空调，当你想通信便利，就有了手机，当你总想

---

① 在导论中我们已经做了简要解释，在此进一步补充。

"天上是否真的有神仙"，所以宇宙飞船就上天了等。所以，只有能够解决人们需求和好奇心问题，满足人们的欲望和效用的技术，它就能给企业带来收益，以此就可以形成一种商业模式，但只有那些能够改变人们生活习惯而又能被广泛接受的技术，才能获取超额利润，具有广泛前景。比如，如果你现在有两天不浏览微信，是不是就感觉生活中少了点什么，所以，至少到目前为止，微信就是具有广泛前景的技术。

基于上述分析，如果企业要去资本市场，就必须在资产负债表中反映技术相关信息，如果获取了专利技术或者著作权等，就应该在资产负债表中予以确认，但有些专有技术、服务创意等，可能不符合会计确认的基本条件，如果不符合确认条件，就应该在报表附注中予以披露。但披露时只能客观公正地描述事实，不能带有引导性字眼，以免误导财务会计报告使用人的判断。实务中，技术在资产负债表中确认的难点是往往不能可靠计量，现行企业会计准则要求按照历史成本计量模式予以计量，部分企业则可能利用会计计量政策的弹性进行调整，我们在分析时应该关注这一现象，以免判断失误。对此问题在上一章我们已经做了简要介绍，在此再举一例如下：

查山面业科技股份有限公司（以下简称查山面业）是一家从事面粉加工和销售的公司。2004年3月公司总裁刘柱咨询注册会计师胡刚，企业是否可以合理避税，胡刚问查山面业与同行在经营和加工方面有何不同。刘柱想了一想似乎没有什么不同。一个月后，刘柱给胡刚打电话说出了自己面粉与其他面粉厂的差异，说查山面业是国内某知名品牌方便面的最大面粉供应商，为什么能够成为该方便面企业的最大供应商，主要是因为自己面粉"筋道"。胡刚问为什么你的面粉会更筋道呢？刘柱介绍说自己面粉的水分含量与其他企业不同。胡刚说，那好办，查山面业马上就有两项专利技术了，哪两项呢？一是面粉的配方，二是面粉的加工工艺。查山面业按照胡刚的策划，组织人员申请这两项专利技术，一年半后查山面业获批专利，并申报了高新技术企业，申请享受税收优惠政策。随后，利用公司进行股份制改制机会，对这两项技术予以评估，最终按照评估值在资产负债表中将这两项技术予以确认并列报。

从查山面业这一例子我们可以看出，要充分关注企业利用无形资产的确认和计量来粉饰财务会计报表信息，特别是引导财务会计报告使用人对商业模式前景的判断，对此要特别重视。

除了无形资产项目，资产负债表还有一项更能反映企业发展潜力的项目，即研究与开发项目。一家企业如果希望能够长期维持获取超额利润的能力，就需要不断加大研发投入，以维持技术领先地位。所以，资产负债表中研究与开发项目必须维持一定占比。按照目前国际经验数据，一家企业如果想维持技术领先地位，通常每年研究开发的投入资金不能少于营业额的10%。这对多数企业来说是一个巨大的挑战。因为研发投入，特别是基础研究投入是具有较大风险的，每一项研究和开发都不能保证能够百分之百取得良好的结果。所以，这就形成一个矛盾，如果研究与开发投入过低，可能会影响企业竞争地位和未来发展潜力；如果研究与开发投入过多，则有可能存在较高不确定风险。特别是许多企业由于自身缺乏研发能力或者研发能力不足，会把研发委托给相关机构和企业，这就更需要注意如何控制风险了。所以，没有研究与开发，会影响企业的发展，过多的投入又要考虑风险，企业需要做好这方面的协调与控制，提升治理水平。

5.5 资产负债表中的信用状况分析

阅读资产负债表时总有一个疑问，一家企业没有负债或者负债率较低是不是一个好现象？2006年一家企业拟赴香港上市，公司财务总监洪叶在

A轮融资路演时介绍说自己的公司为了控制财务风险，一直维持低债务及低资产负债率，并以此自豪。当时在场的一位香港基金经理黄奕出来质疑说，一家公司如果长期是低负债或低负债率，可能该公司的商业信用和银行信用都不好，深层次问题是该公司的经营风险较高，产品或服务出现问题，公司的供应商不愿意提供信用政策，不想对你赊销供货，所以，你没有商业信用；由于你的经营面临风险，银行不会给你贷款，所以没有银行信用，因此公司的负债及负债率才偏低。除非该公司的产品或服务在市场真正做到供不应求，会有较高现金流回笼才可以。但是，如果一家企业发展前景比较好，现金流回笼较高，却一直依赖日常经营产生的资金维持日常现金流运转，可能被认为经营比较保守，市场拓展能力不足，大家对其成长性或增长率会表示怀疑。所以，一般地，如果一家企业在发展前景比较好的情况下，为了维持市场地位，总需要保持一定成长性或增长速度，这时该企业总会进行扩张，一般情况下扩张的企业对融资的需求较高，所以不会维持太低的负债或负债率。但是太高的负债和负债率又会导致财务风险，所以维持适度的负债规模或负债率对一家发展前景较好的企业来说是必需的。

那么，什么样的负债结构是合理的呢？依据经验数据，一般地，一家企业负债总额或者说资产负债率维持在40%~70%被视为正常现象，过低会被看作过于保守或者信用不足；过高意味着面临较高的风险。一家企业财务风险高低实际上在于其债务结构，如果即将到期债务比较高时，流动性面临较大压力。所以研究企业债务结构比较关键。举例如表5-1所示：

表5-1 企业债务结构

项目	企业名称		
	A企业	B企业	C企业
银行借款	25%左右	70%左右	10%左右

表5-1(续)

项目	企业名称		
	A企业	B企业	C企业
应付账款	70%左右	25%左右	10%左右
其他应付款	5%左右	5%左右	80%左右
流动负债总额	100%	100%	100%

从表5-1可以看出：A企业债务结构比较合理，一般正常的情况下，企业融资主要来源于商业信用，银行信用可以作为商业信用的补充；B企业结构的财务风险较高，为什么呢？因为B企业日常流动资金补充主要依赖银行信用，由于银行贷款具有还款刚性，过度依赖银行信用会带来较大的风险。像B企业这样的债务结构，一般会被认为该企业资金比较短缺，并且存在较高的还款压力和财务风险，在资本市场上，这样的企业不太容易融到资金。因为资本市场上的投资人进行投资的动机是为了满足企业某个项目经营需求，追求企业利益最大化，不是替企业还债，解决财务风险的。C企业债务结构说明财务风险特别大，因为该企业的商业信用和银行信用均不好，企业融资只能依赖商业信用和银行信用以外的渠道募集，可能会面临更大的风险。这也说明C企业的经营风险较高，且缺乏足够的质押品或担保，其资产质量也不高，所以，投资人是不会在此基础上投资的。

当然，资产负债表中企业信用状况除了上述分析，还需要看盈利水平、流动性、资产质量、技术前景以及担保情况。如果企业的盈利水平、流动性、资产质量、技术前景以及担保情况都比较好，那么企业高负债或维持高负债率则是可取的，这时候企业的债务结构中银行信用高的风险应该是可控的。特别是在企业技术前景比较好的情况下，企业有可能会获取一些政策性融资或者享受政策性融资优惠，这样企业的财务风险就可控，也不能说其高负债就面临高风险。

5.6 资产负债表中的公司治理研究

教科书中,我们一直比较关注资产负债表中的净资产质量,但对净资产所反映的公司治理问题关注不够。虽然在资产负债表中不能直接看出公司治理情况,但结合报表附注,就可以看出公司治理实际以及存在的一些问题。

公司治理的基本逻辑是一种保证投资人资金有效使用并确保按时取得回报的制度安排,也是一种在股东与经理人之间权力分配的制度。一般情况下,企业的权力包括所有权、决策权、监督权、执行权以及政治权力。按照现行公司治理通常的安排,所有权归企业股东即投资人所有,行权代表机构是股东会;决策权一般由股东会选聘的董事组成的董事会行权;监督权一般是由监事会或独立董事行权;执行权一般是由董事会授权给经理层执行董事会决策而进行行权;一般企业的党组织把握政治方向。特别是在国有企业,党委会必须前置,"三重一大"等问题必须由党委会决定。目前,国内一般企业公司治理结构如图5-3所示。

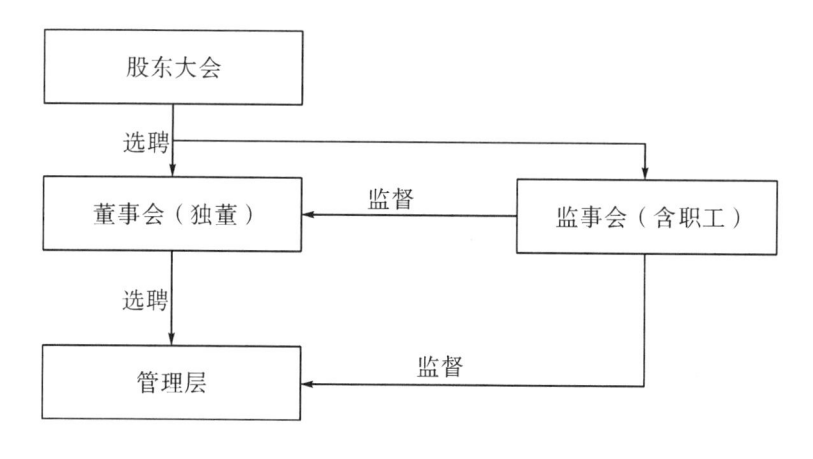

图5-3 国内一般企业公司治理结构

由于国有企业的特殊性，我国多数国有企业的公司治理结构和机理与一般企业存在较大的差异，具体见图5-4[①]。

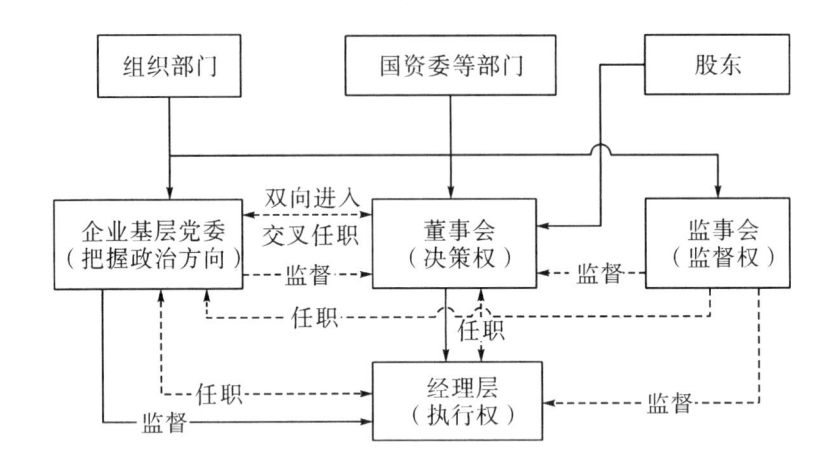

图5-4 国有企业公司治理结构

现代公司治理体制有效运行的基本假设是，经理层会更明智、更专业、更敬业地运营公司资本，从而更好地保障公司股东利益。所以，我们需要研究企业公司治理机制，以判断其是否能够保障企业利益相关人的利益。这些信息也被要求在财务会计报告反映出来，我们应该通过财务会计报表来分析这些信息。

资产负债表中的实收资本（股本）一般可以反映出企业的股权结构。通过企业股权结构，我们通常可以判断企业是民企还是国企，性质不同，企业追求的目标也有较大的差异，其决策行为与方式也会有较大的差异。结合报表附注，我们还可以看到企业董事会的设置与组成情况，了解董事及其他高管的背景与经历，以判断企业的议事机制和决策行为，据以判断资源配置策略和风险。关于这些问题在学术上已有特别多的研究，相关内容已偏离本书的主题，在此就不再赘述。

在实务中，企业公司治理中一些常见的问题主要表现：一是股权结构

---

① 黄良杰. 党委领导与国有企业治理：理论与实践[J]. 财会通讯，2019（11）：57-63.

方面，主要表现为股权结构不完整、股权不连续、循环控股以及出资不合规等；二是监事会或独立董事如何行使监督权力，真正发挥监督作用问题；三是如何有效地抑制代理冲突，控制私人收益最大化问题；四是如何构建一套激励机制，确保企业公司治理机制有效运行。除了第一个问题以外，其余三个问题一直是理论界和实务界近百年来的难题。虽然是难题，学术界和企业家们依然一直在探索如何解决，到目前为止，难说有标准答案。尽管如此，我们还是应该关注企业公司治理机制，可以大致判断其风险领域以及未来发展前景。

除了公司治理外，我们还应该关注净资产中的"资本公积"项目。有一些企业资本公积反映出来的余额是零，如果资本公积余额为零，则意味着该企业股本从未产生溢价，对外投资可能存在亏损现象，说明企业自身的投资人信心不足，对外投资可能出现失败等问题，这些都影响企业的发展前景，所以，我们应该关注资本公积余额。此外，还应考虑企业未分配利润的合理性问题。如果一家企业存在高额未分配利润，一定要想一想为什么，在高额的未分配利润存在的同时，是否还存在高额的应收账款或存货，如果存在这一现象，企业盈利水平的可靠性需要进行必要的关注，以判断是否存在粉饰行为。前面已经举例，在此就不再赘述。

5.7　资产负债表中的盈利及可持续经营能力分析

前面已经简要地介绍了一种好的商业模式至少要具备六个条件，即好的流动性、好的技术和足够的研发投入、好的信用水平、好的发展前景、好的盈利能力、好的公司治理机制以及可持续发展能力。这些条件都可以通过企业资产负债表的信息予以分析。前面我们已经介绍了前四个条件的分析路径。那么好的盈利能力及可持续经营能力应该如何分析呢？

前面我们介绍说商业模式由公司治理模式、内部控制模式、业务模式（生产模式）、技术模式、人力资源管理模式、财务管理模式、供应模式、销售模式、行政后勤模式以及会计核算与信息披露模式等具体模式构成。这些模式中，内部控制、业务（生产、供应与销售）、人力资源管理、财务管理（含会计核算与信息披露）以及行政后勤等模式实际上都与公司治理是从属关系。具体见图5-5。

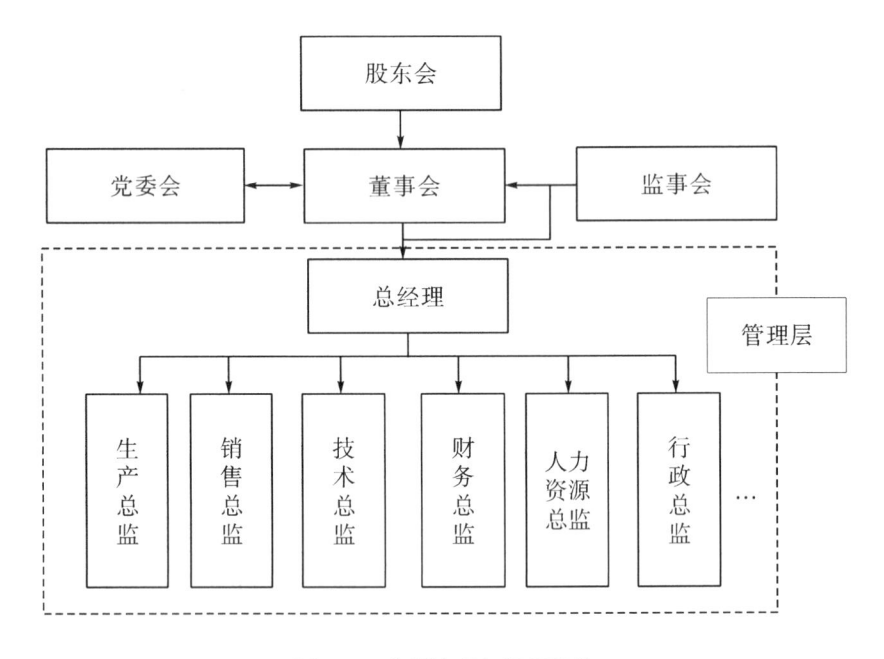

图5-5 公司治理与组织架构

从图5-5可以看出，一个好的治理机制是好的盈利的保证，如果没有完备的公司治理机制，将很难实现企业的经济目标、社会目标和政治目标。所以企业盈利能力的好坏首先表现为是否存在完备的公司治理机制。其次，好的技术前景与研发投入才是企业盈利的源泉。这里的技术既包括制造技术，也包括服务能力。一家企业如不能在技术方面领先同行，那么它只能获取行业平均利润（甚至获取利润水平可能低于行业平均利润）。要想技术领先，就必须加大投入，这投入包括人力资源投入和资金投入。

所以，一家企业的研发能力非常关键，实力雄厚的企业可以建立自己的研发团队和研发机构，实力不够或者技术地位相对落后的企业应该与相关的研发组织、机构和人员合作，比如与高校、科研院所合作，提升自己的技术研发水平，创造自身盈利源泉。所以，好的盈利能力的特征之一就是持续研发投入，保持超然的技术领先地位，以及满足消费者偏好与效用的技术，这样才能持续维持盈利能力不断提升。再其次，好的流动性是企业盈利的血液和动力。再好的盈利水平如果没有现金流维持，或者说不能实现较好的现金流，这种盈利不是真实盈利，仅是账面富余。所以要确保现金流不停运转，现金流不断才是企业经营的根本，许多企业经营失败的首要表现就是现金周转越来越慢，最终现金流难以为继，导致经营风险与财务风险。所以，好的盈利能力的另一个表现就是要有保证现金正常流转的平台，现金流转快且变现能力强。最后，好的信用能力是盈利能力的有力支持。前面已经阐述，好的信用能力可以间接说明企业市场竞争力、经营水平、现金流转、技术前景以及资产质量和公司治理等方面都应该比较好，或者说是处于行业领先地位，企业信用能力强。如果一家企业具备好的信用能力则其在资金短缺时，能够迅速融到需要的资金，可以迅速化解资金短缺风险，这对维持企业盈利水平非常关键，所以信用管理水平高低将直接影响企业的盈利能力。而企业的流动性、技术及研发能力、信用水平及能力以及公司治理等相关信息都可以从资产负债表中研究分析，基于此，我们就可以看出一家企业及一个商业模式的盈利能力高低，并据此进行判断与决策。

  盈利能力的高低也就反映了企业可持续经营能力。如果一家企业不能持续盈利，最终也就影响了可持续经营问题。所以，企业的公司治理能力、流动性、信用能力及管理水平以及研发投入和技术领先水平也可以决定企业可持续经营能力，实际上也决定了一种商业模式可持续发展的水平。

5.8 资产负债表中的其他应关注的事项

除了上述几个方面，资产负债表中还有一些关键点需要引起足够重视，如敞口与保证金、私人银行卡、过桥资金、票据结算、其他应收应付款项异常、长短期投资转换等。这些问题可能会直接影响投资人对一家企业或一种商业模式的流动性、信用能力等方面的理解与判断。举例如下：

里山生物科技股份有限公司（以下简称里山生物）是一家水产养殖与销售企业。2005年注册会计师黄良成对其财务会计报告进行审计发现：该公司货币资金余额为1.2亿元，银行借款余额为9 500万元。由于里山生物主要客户是水产个体批发户，同时，水产养殖的饲料原材料多数是向农民直接采购，因此供销多数交易都是以现金方式结算，所以，货币资金余额中有1.5亿元分别存放在里山生物总裁陈福和出纳陈桦的个人银行卡中。由于里山生物供销季节性强，淡旺季资金需求差别较大，采购季节需要大量周转资金，而此时销售不一定是旺季，资金供应与回笼不匹配，由于是水产养殖企业，资产抵押率不高，经常需要利用过桥资金进行贷款周转，或者借用个体户信用贷款，所以里山生物资产负债表中，其他应收应付款项余额远远超过应收应付款余额。其应收账款余额为2 000万元，应付账款余额为500万元，而其他应收账款余额为5 000万元，其他应付款余额为8 000万元。特别是，审计中发现两次董事会议纪要，第一次是关于将公司闲置资金3 000万元购买某一上市公司股票，并明确指出该只股票只要上涨6%，就变现收回投资，但该只股票连续14个月没有上涨，所以，里山生物购买该只股票时确认了短期投资（现行准则应该在交易性金融资产反映）。第二次董事会议是在14个月后召开，会议纪要反映说鉴于上市公司业绩增长，前景好，里山生物的股票不再变现，长期持有，基于此，里山生物将该项投资从短期投资调整到长期股权投资予以反映，并且按照权益法调整了利润与净资产。

黄良成非常质疑里山生物货币资金问题，为什么呢？正常情况下，企业有1个多亿货币资金余额，怎么会还要进行这么多的贷款呢？事实上，黄良成没有明白当时企业贷款的游戏规则。按照当时的做法，一家企业授信额度假设为5 000万元，通常一些银行为了自身的收益，会安排2 500万元贷款和2 500万元敞口承兑，刚好2 500万元敞口承兑通过票据贴现变成贷款保证金存入银行，而对贷款的企业来讲也成功解决了信用不足的问题。因此，里山生物虽然有高额的货币资金余额，但其中大部分是敞口承兑形成的贷款保证金，是不可以作为流动资金使用的。这部分资金正常情况下应该列入资产负债表中的其他资产反映，但里山生物为满足财务指标好看这一要求，放在了流动资产来反映，此处列报也可以，但需要在报表附注予以解释才行。由此可见，里山生物财务风险是比较高的。

此外，里山生物借用陈福和陈桦个人银行卡结算明显违反规定，不能以企业业务现金结算多为借口，将企业公款转入私人账户。虽然里山生物利用陈福和陈桦的账户经过了企业董事会授权，表面上手续齐备，事实上企业行为是违规的，必须调整。同时，里山生物利用会计确认政策的弹性，转换短期投资和长期股权投资，明显粉饰了经营业绩、净资产以及长期资产结构，引导财务报告使用人的判断，应该引起足够的重视和关注。

总之，一份资产负债表就是一个商业故事。我们应该通过资产负债表，看透数字背后商业故事的实质。借助资产负债表的数字，判断商业故事背后的商业模式是否具备良好的商业前景，从而判断其经营风险和财务风险，以保证自身的利益不受损害。

6 利润表中的商业故事

6.1 利润表与商业模式

在课堂上，经常会向学生提一个问题：当你拿到一份利润表时，你会关注什么指标和信息。学生多数的答案是：利润总额、净利润、营业收入等。当然，这都没有错，但是更实质的信息学生并没有考虑到，那么，你会关注什么呢？正如前文所阐述一样，利润表中的商业故事，就是通过利润表中的财务数据及指标来反映企业商业模式，更准确地说，就是企业的盈利模式、赚钱模式。那么，如何看懂利润表背后的商业故事呢？

利润表反映的是企业一定会计期间的经营成果，是根据"收入-费用=利润"的基本关系来编制的，其具体内容取决于收入、费用、利润等会计要素及其内容，利润表项目是收入、费用和利润要素内容的具体体现。它是一种反映企业经营资金动态表现的报表，主要提供有关企业经营成果方面的信息，属于动态会计报表。依据企业会计准则，利润表主要反映的内容有：①构成主营业务利润的各项要素。从主营业务收入出发，减去为取得主营业务收入而发生的相关费用、税金后得出主营业务利润。②构成营业利润的各项要素。营业利润在主营业务利润的基础上，加其他业务利润，减营业费用、管理费用、财务费用后得出。③构成利润总额（或亏损总额）的各项要素。利润总额（或亏损总额）在营业利润的基础上加（减）投资收益（损失）、补贴收入、营业外收支后得出。④构成净利润（或净亏损）的各项要素。净利润（或净亏损）在利润总额（或亏损总额）的基础上，减去本期计入损益的所得税费用后得出。

在利润表中，企业通常按各项收入、费用以及构成利润的各个项目分类分项列示。也就是说收入按其重要性进行列示，主要包括主营业务收入、其他业务收入、投资收益、补贴收入、营业外收入；费用按其性质进行列示主要包括主营业务成本、税金及附加、营业费用、管理费用、财务费用、其他业务支出、营业外支出、所得税等；利润按营业利润、利润总额和净利润等利润的构成分类分项列示。

不同商业模式，形成收入和成本路径是不一样的，所以，收入和成本的确认也是不一样的。譬如，物流平台企业的收入确认与一般生产加工企业收入确认是完全不同的，而研发型企业的成本、费用结构与服务型企业的成本、费用结构也是不同的。商业模式的业务特征决定其业务模式，进而决定其相关契约签订方式、结算方式等，从而影响其收入、成本、费用的确认。不同的商业模式决定其管理模式不同，也会影响到其内部各类成本费用形成方式，从而也影响到成本费用的确认。因此，有什么样的商业模式就有什么样的利润表。

那么，通过利润表，我们主要了解什么呢？我们需要了解不同企业商业模式的业务特征，因为业务特征具体表现为各种契约签订的方式，所以，我们应该特别关注不同商业模式下契约特点与方式，从而判断其收入与成本费用确认的合理性，并借此判断商业模式的盈利能力衡量方式。除此以外，我们还应注意到，一家企业会有许多商业模式组成，不同的商业模式形成不同的业务，那么，哪些是企业的主营业务，哪些是次要业务，必须判断清楚。特别是主营业务的前景将直接决定企业未来的经营风险，更应该引起足够关注。不同的商业模式经营方式的差异，导致其成本费用结构是不同的，或者说不同的成本费用结构反映了不同的商业模式特征，所以我们要研究利润表中成本费用结构的合理性。特别是管理费用结构直接反映企业对管理层等核心人员的激励问题，我们也要引起足够重视。此外，伴随收入和利润，则需要判断税收水平的合理性，看其是否存在违规问题。

6.2 利润表中盈利能力的判断与衡量

很多人认为利润表中利润总额、营业利润或净利润等指标代表了企业盈利能力或水平。这种描述只有在企业财务会计报表剔除粉饰因素后才正确。从前面的资产负债表分析来看，会计政策和会计估计的弹性有些时候不一定是违规的，也就是说企业利润表中利润相关指标有些时候是在会计政策和会计估计的弹性使用情况下核算出来的，所以，某些时候利润表中的利润相关指标并不能代表企业的真实盈利能力与水平。那么，拿到一份利润表或者判断一种商业模式的盈利能力首先要看什么呢？我们的经验是关注毛利率。

毛利等于营业收入减去营业成本，毛利除以营业收入就是毛利率。毛利率反映了一种商业模式或者一家企业的盈利空间。如果一种商业模式或者一家企业没有盈利空间，哪有盈利能力与水平呢。那么，多高的毛利率是合理的呢？

十多年来，上市公司中披露最高的毛利率为99.3%，最低的毛利率为4.7%。对于99.3%的毛利率，很多人都质疑什么样的生意这么赚钱，几乎无成本，该公司在报表附注中也详细披露自身的商业模式特点，主要是从事房地产租赁与物业服务，而出租的房屋主要是自建房，成本已经计入建房成本，所以公司本身几乎无成本，对此有很多人怀疑其成本核算有问题。对于低毛利率大家一般认为正常，没有多少人会关注。毛利率的高低事实上与企业所处行业有很大的关系，譬如从事饮料、酒、水等相关经营的行业，由于是完全竞争的市场，入场门槛低，竞争激烈，该行业推销和广告费用较高，需要培育稳固的消费群体，所以这个行业企业的毛利率不能过低，一般需要在70%以上；同理，纺织业如制衣企业毛利率也不能过低，一般都需要在50%甚至60%以上。相反，如果一家企业所处的是传统制造业或冶炼行业，譬如炼钢企业，毛利率不太可能较高，能维持到20%左右就很不错了；如果一家农业种植企业披露毛利率达到50%，我们一定要研究其是如何核算出来的，因为农产品难以维持较高市场价格，价格过高会影响老百姓的日常生活成本，国家相关部门会出手干预，且保鲜和冷链运输都会增加成本，所以该行业毛利率不会太高。

如果一家企业毛利率偏离行业一般规律，则说明其商业模式可能有其独特之处，比如一家电缆企业毛利率达到55%，而近些年电缆行业的毛利率能维持在20%就已经很不错了，那么这家企业为什么能够维持这么高的毛利率呢？原来这家企业生产的是特种电缆，处于市场垄断地位。另外，如果一家企业毛利率与行业一般规律保持一致，而其盈利水平超过行业平均水平，则说明其内部治理有不同之处，或者商业模式有特别之处，举例如下：

五山家电科技股份有限公司（以下简称五山家电）是一家从事家电生产与销售的企业，2006年拟赴美国上市。在审计过程中，注册会计师黄思思发现该企业毛利率为22%，而其净利率却达到13%，于是咨询该企业财务总监胡湃。胡湃说五山家电是一家"来样加工"外向型企业，产品"两头"在外,即原材料供应和产品销售均由外放合作企业负责,自己只负责根据外放合作企业提供的样品进行加工,五山家电的销售费用、财务费用远远低于行业平均水平,同时还享受一定的税收优惠政策,所以,税赋总体水平也比较低。虽然五山家电毛利率只有22%,但期间费用和税负较低,所以,五山家电净利率较高。虽然胡湃介绍的商业模式比较特别,但黄思思还是应该对五山家电的收入与费用确认进一步判断与审核。

除了关注企业年度毛利率外,我们还应该考察企业动态毛利率,研究企业毛利率的变化趋势,以判断企业盈利能力可持续性。如果一家企业毛利率持续12个月以上呈下降趋势,则需要考虑其盈利能力的可持续性,且应引起足够的关注。总之,在利润表中,能够直接反映企业盈利能力的指标应该是毛利率,阅读利润表时,我们要根据行业平均水平判断企业毛利率水平高低,结合企业毛利率变化趋势,判断企业盈利能力的可持续性,以便能够及时地控制自身相关风险,做出正确的决策。

6.3 利润表中的主业前景分析

一般来讲,任何一家企业不能仅仅依赖一种业务开展经营,如果企业对某一项业务形成依赖,则可能会存在较大的经营风险。所以,为了控制经营风险,企业的盈利往往会来自不同种类业务,但总会以其中一项或几项业务为主体,这就是主营业务。主营业务直接影响企业盈利水平和盈利能力,特别是主营业务的前景将直接影响企业未来发展,所以,阅读利润表时,我们必须关注企业的主营业务及其前景。

目前主营业务没有统一划分标准,一般地,在工商注册登记时以营业执照第一项为主营业务。而在资本市场上一般是以某项业务收入或其相关的资产占总收入或总资产比重为标准进行判断，比重达到50%以上则认为是主营业务。而依据企业会计准则要求，如果企业某项业务收入或相关资产占总收入或总资产的10%以上，则认为重要，需要编制分部报告单独列报，所以有人认为某项业务的收入或相关资产达到总收入或总资产的10%以上就可认为是主营业务，当然也有按照占净利润或净资产的10%比重进行判断。但是，有时也会依据传统习惯，某企业自成立开始就是经营某项业务，且是以某项业务为专长，那么这项业务也会被认为是主营业务。尽管主营业务判断有不同的标准和习惯，但能作为主营业务确认的业务肯定是对企业经营或前景产生重大影响的业务，所以我们应该通过利润表关注企业的盈利到底来自哪些业务，哪些业务可以确认为主营业务，这些业务是否具有前景，是否会给企业带来经营风险。

柳山禽业科技股份有限公司（以下简称柳山禽业）是一家从事蛋鸡养殖和销售的企业。公司主要业务包括：蛋鸡养殖、鸡蛋生产与销售、饲料生产与销售、兽药生产与销售以及蛋鸡养殖技术研发等。柳山禽业建有蛋鸡养殖技术研究中心，专兼职研发人员15名，近十年来获得专利技术46项，其中发明专利2项，公司总裁徐离被国内知名高校聘为教授和博士生导师。柳山禽业在上市路演时对公司的鸡蛋的描述是：在王屋山和黄果树的大山深处，养殖着1 600万只母鸡，母鸡在公鸡陪伴下，听着音乐，喝着山泉，住着别墅，吃着虫和草，下着虫草鸡蛋。柳山禽业的鸡蛋可以称为生态鸡蛋，且鸡蛋壳颜色主要是青绿色，而不是普通的白色或黄色，该公司的鸡蛋比一般企业或农户所生产的鸡蛋营养价值要高得多，因此每斤售价大约为25元。近三年该公司年营业额均达到3亿元以上，具体业务营业额如表6-1所示。

表 6-1 柳山禽业分类营业额

单位：亿元

业务类别	年份		
	2021	2020	2019
鸡蛋	1.2	1.1	1.01
鸡苗	0.34	0.31	0.23
青年鸡	0.78	0.68	0.56
淘汰鸡	0.56	0.34	0.22
饲料	0.68	0.78	0.89
兽药	0.12	0.09	0.15
其他	0.06	0.08	0.05
合计	3.74	3.38	3.11

从表 6-1 可以看出，柳山禽业业务主要有 6 类。其中，鸡蛋、青年鸡、淘汰鸡以及饲料三年来的营业额比重达到总体的 10% 以上，且都是公司传统的和熟悉的业务，应该可以确认为公司主营业务。也可以将公司主营业务分为鸡蛋和饲料两类，因为鸡苗、青年鸡和淘汰鸡主要是因为生产鸡蛋而产生的联产品或者是副产品。

柳山禽业给我们讲了一个关于鸡蛋的美妙故事，按照该公司路演的描述，似乎其前景非常好。真实情况是这样的吗？如何判断一家蛋鸡养殖企业或者说鸡蛋生产和销售企业的前景呢？一般地，任何行业的前景都有其基本规律和技术前景，特别是在资本市场上选项目投资时，我们一定研究行业的基本规律与技术前景。

首先，我们要明白对于养殖行业来说，其主要作用是解决人们日常生活需求，所以，该行业很难获得超额利润。为什么呢？因为这个行业产品定价不可能过高，如果采取高价定价策略，消费者会"用脚投票"。同时，价格过高的话，会影响人们日常生活水平和 CPI 指数，政府监管部门会对这一行业的产品进行定价监控，即价格过高的话会采取干预措施。因此，养殖业想获取利润一般情况下需要靠规模取胜，也就是要获取规模效应。如果一家养殖企业规模过小，很难维持较高的盈利水平。那么，柳山禽业1 600万只蛋鸡规模算不算大呢？经过调查，该企业规模可以算得上一家中等规模蛋鸡养殖企业，所以，应该可以获取规模效应。其次，对于养殖行业来说，一般企业的核心技术在于饲料配方、养殖品种和防疫。为什么该公司的鸡蛋壳颜色是青绿色，主要还是饲料调配出来的，如果该公司养鸡完全依赖于母鸡在自然状态下吃着虫和草，是很难维持盈利水平的。所以，养殖关键技术之一就是饲料调配加工技术。一般来讲，一只母鸡自孵化出来以后，要再生长120天，才能开始下蛋，并且保证每天下一枚鸡蛋，一只鸡一般情况下，大约可以下400天鸡蛋，也就是大约19千克，如果再让这只鸡下蛋，则成本会太高，不能再下蛋的鸡就变成了淘汰鸡出售。这样，我们可以看出，养殖蛋鸡比养殖肉鸡的时间要长，但成本不一定低，所以，养殖蛋鸡的资金周转效率会低于养殖肉鸡的效率，且因为鸡蛋都是在饲料统一喂养下生产出来的，所以，不管什么品种的鸡蛋，其营养价值都差不多，柳山禽业只不过是讲了一个美妙故事罢了。至于鸡苗和青年鸡这都是为了孵化母鸡而出现的联产品，无所谓前景问题。从公司专利技术和饲料前景来看，该公司的专利发明技术只有2项，且并不是与饲料相关的专利发明，所以，该公司饲料配方应该不是特别领先的技术，从其年度销售额应该可以证明这一点。至于鸡蛋壳的颜色，事实上，在湖南、江西、广西等南方地区，农户由于长期在水草丰富的田间和湖边养殖母鸡，母鸡下的鸡蛋颜色也多数是青绿色，并不是什么特别鸡蛋。此外，对于一家蛋鸡养殖企业来说，还有鸡蛋销售半径和保鲜的问题，一般情况下，鸡蛋的销售半径大约在200千米范围，超过这个半径，鸡蛋又面临运输成本临界点和保鲜的难点，所以，通常超出这个销售半径范围，可能需要重新选址建厂。蛋鸡养殖场为什么要选择在大山里面，主要是为了防疫需要。由此可见，柳山禽业的发展前景并不是很好，所以需要慎重决策。

柳山禽业的案例说明，主营业务的前景会直接影响企业发展和盈利能力。所以，在理解利润表时，一定要关注企业的主营业务前景问题，以防范可能出现的潜在风险。

6.4 利润表中的收入确认问题

收入的确认直接影响企业盈利水平，间接反映企业盈利能力。实务中，由于企业会计准则对收入确认原则规定比较宽泛，而需要确认收入的业务类别比较多，相对还比较复杂，这就需要会计人员在收入确认时选择余地比较大的，也给企业利用会计政策弹性留下了空间。因此，我们需要针对利润表中收入判断其确认的合理性，以便能够准确地判断其盈利水平和盈利能力。

收入的确认是指收入在财务会计报表中的列报过程，主要包括产品销售收入的确认和劳务收入的确认。收入的确认中需要解决两个问题：一是什么时间入账；二是如何计量。收入的确认除了要满足可定义性、可计量性、相关性和可靠性四个基本前提外，还需要满足：一是商品的卖方已将所售资产在所有权上的重要风险和报酬转移给了买方，即卖方已经完成了所有主要的销售环节，并不再以行使所有权的方式继续参与所转让商品的管理或不再实际控制已转让的商品。二是在以下方面不存在重大的不确定性因素：①销售商品可望获得补偿；②生产将要发生的有关成本；③可退货的幅度。三是商品已经交付，并且实质上完成了为取得收入所必须进行的其他工作。四是价款已经收讫，或者已经取得收取价款的权利。在提供劳务的交易中应按完成合同法或完工百分比法计量。如果提供的劳务期间跨越一个以上会计期间，并且提供劳务的交易结果能够可靠地估计，企业则应按完工百分比法确认收入。交易的结果能够可靠估计的四个条件为：①合同总收入与总成本能够可靠地确定；②与交易相关的价款能够收回；③劳务的完成程序能够可靠地确定；④已经完成的成本能够可靠地计量。如果不符合以上条件，企业则应按完成合同法确认收入。在提供他人使用本企业资产收入的确认上只有可计量性或账款的可回收性方面不存在重大的不确定性时，才应予以确认。①利息。根据放款的本金和应用利率等因素，按时间比例确认。②使用费。根据协议的相关条款按权责发生制确认。③股利（不按权益法核算的）。在股东领取股利的权利确立时予以确认。最后，在收入金额的计量上，许多国家通常以交易中产生的已收或应收款项的公允价值来确定，即根据收入总额扣除现金折扣、销售折让、销售退回等以后的金额确定。如果确定收入时上述折扣等是未知的，应在期末进行估计，并将估计数从当期收入中扣除。我国则倾向于按收入的总金额确定收入金额，不扣除现金折扣等项目。现金折扣在实际发生时计入财务费用，销售折让和销售退回在实际发生时冲减发生当期的收入。

收入确认时需要特别关注和识别与客户订立的合同（契约），判断合同中订立的单向履约义务、确定的交易价格、如何将交易价格分摊至各单向履约义务以及单向履约义务完成时间，据此确认收入。

落山重型机械股份有限公司（以下简称落山重工）是一家从事工业专用设备及大型特殊钢筋锻件的研发、生产、销售和服务的企业。常山锻件工程股份有限公司（以下简称常山锻件）是一家专门从事大型锻件生产和销售的企业。落山重工与常山锻件没有任何关联关系。近三年来，落山重工与常山锻件通过签订销售合同方式将材料"销售"给常山锻件并委托常山锻件进行加工，同时，与常山锻件签订商品采购合同将加工后的商品购回。具体安排如下：

落山重工向常山锻件销售材料并签订销售合同，同日，落山重工再与常山锻件签订商品采购合同。两份合同内容交易的标的物、数量是一样的，只是采购合同的单价比销售合同的单价高出15%。两公司签订的合同标题通常标为：落山重工采购（加工）合同或销售（加工）合同或者落山重工加工合同。合同内容显示：委托方为落山重工，加工方为常山锻件；质量技术标准为：按委托方图纸尺寸及技术要求加工；运输费用无论是采购合同还是销售合同均由常山锻件承担。两公司同日签订的购销合同在管理上是可以一一对应的，这从落山重工合同编号可以看出来，比如销售合同编号为：XS-A-2021-12-20-1A（其中"XS"是销售汉语拼音简写），而对应的采购合同编号则为：CG-A-2021-12-20-1B（其中"CG"是采购汉语拼音简写）。此外，落山重工销售和采购所有手续齐全，且落山重工对采购合同不具有撤销的权利。常山锻件在收到落山重工销售的材料后必须严格遵循与落山重工签订的销售（加工）合同中技术要求进行加工，然后再销售给落山重工。加工期间，相关材料保管责任归常山锻件，其他责任如质量责任归落山重工。加工的商品主要原材料等由落山重工负责，占比较低的辅助材料由常山锻件负责。交易发生时落山重工开出增值税销售发票，并从常山锻件取得增值税采购进项发票。同时，双方确认往来款，随后，交易完成时，落山重工将采购与销售差价支付给常山锻件。经审计，以此方式，落山重工三年累计确认收入3.2亿元，支付加工费用0.48亿元。

从上述实例中可以看出，依据落山重工与常山锻件之间系列合同内容，两企业的销售和采购业务实际上是委托加工业务，但为了避税和粉饰营业收益，构建了销售和采购业务，夸大了落山重工的盈利水平和盈利能力，误导了资本市场等方面的资源配置，必须加以防范。除此之外，我们还需要关注收入确认过程中"以租代售"等行为，这方面已经在前面第四章中予以举例，在此不再赘述。

6.5 利润表中费用结构的合理性分析

很多人在阅读利润表时，对于期间费用多是关注其核算是否正确，而对其结构合理性关注不够。实务中也经常被问到管理费用发生多少是合理的、管理人员的工资多高是合理的，销售费用低一点可不可以等问题。那么，对于利润表中三项费用的结构和趋势应该如何判断呢？放之四海而皆准的是如实披露相关费用，如果你不花一分钱能够让你的产品卖出去，不花一分钱能够让相关人员为了企业目标而百分之百努力工作，这都是可以被接受的。问题是这仅是一种理想状态，现实中，市场竞争中需要你采取各种竞争策略和促销手段，才能将产品卖掉；管理人员工作是有条件的，是理性的，也要追求自身的收益，所以不可能零成本、零费用。因此，我们可以通过销售费用、管理费用及财务费用等结构和趋势分析，判断企业销售策略、管理策略等，以便能够判断企业盈利水平的合理性。

6.5.1 利润表中的销售费用分析

任何企业销售费用不可能为零，实际上也不能过低，为零或者过低说明该企业销售能力不足，保持适度的销售费用规模是必须的。通常我们可以用销售费用率（销售费用率＝销售费用总额/营业收入）来度量。销售费用率高低与企业所处的行业、所面临的市场，以及企业自身产品、服务质量及差异化等因素相关。

一般来说，面临完全竞争市场、解决日常生活需求的企业、产品或服务的销售费用率应该比较高，相反，那些完全垄断或独占市场、不是人们日常生活的必需品或者过于专业领域的产品或服务，其销售费用率则可能比较低一些。譬如，在饮料、酒水、调味品等行业，由于技术门槛相对较低，竞争激烈，需要在市场中采取各种销售策略竞争，如实施立体式全方位广告策略等，并且需要构建或铺设各种各样的销售渠道和网络。这才有走在哪里都能看到或听到"农夫山泉有点甜""世界上最宽广的是海，比海更高远的是天空，比天空更博大的是男人的情怀""点蘸鲜，鲜鲜鲜鲜；凉拌鲜，鲜鲜鲜鲜；点蘸凉拌，味极鲜"等铺天盖地的广告词。因此，在这个行业中销售费用率不可能太低，太低了意味着销售策略不足或者销售渠道、网络没有铺设完整，不能支持企业盈利水平实现，所以，这个行业销售费用率一般会在20%以上。相反，我们很少看见或听见某一家飞机制造、轮船制造企业铺天盖地地做广告，因为比较专业，所以销售策略不同，因此，这个行业销售费用率相对就比较低。但是，就算销售费用率相对较低，也不可能太低，一般也要达到5%左右，因为必要的销售策略还是要有的。所以，当我们拿到一份利润表发现其销售费用率是1%时，应该怀疑其合理性，再进一步分析其商业模式的合理性，以判断其盈利是如何实现的。当然，如果一家企业销售费用率过高，比如销售费用率超过25%，我们也要考虑是否存在过度促销等问题，需要谨慎判断。

另外，我们还需要一家企业销售费用率的变化趋势，正常情况下，企业销售费用先是呈上升趋势，经过一段时间后，当产品或服务在消费者或行业中享有一定知名度或在市场中达到一定的占有率，这时候销售费用不会继续增长，会维持一个相对合理的水平，或者是随着营业收入增长而缓缓下降，但会保持一定水平。所以，当你看到一家企业销售费用随着销售收入成比例增长，需要判断其合理性，要想一想为什么。同样，如果一家销售费用波动较大或者不连续，也要考虑该家企业销售策略是否改变，是否是商业策略进行了调整，有什么影响，需要谨慎判断。

研究销售费用还要分析其内部结构的合理性。比如办公费用、人员费用、渠道费用、广告费用以及公关费用等结构及变化。比如，广告费用、公关费用等持续下降，则要考虑该企业营销策略是否调整，也可能是企业盈利水平下降，或者企业经营变差而引起的，以此判断该企业销售策略的合理性、合规性。由于各个企业所处的行业、商业模式等差异较大，很难有统一的经验标准，在此不能一一列举，但要提醒大家关注。此外，销售费用会计核算也需要关注，简要举例如下[①]：

堡山科技股份有限公司（以下简称堡山科技）为一家电商平台，商家（供应商）在平台上销售商品，自行定价，直接发货给买家，并自行负责售后服务，堡山科技代为收取款项。堡山科技作为代理人，通过向商家收取平台服务费赚取收入，服务费比例为交易金额的5%，堡山科技将代收款项扣除服务费后支付给平台商家。堡山科技为了推广自己的平台，向买家提供优惠券。例如，某买家购买了300元商品，使用优惠券后可减免10元，即只需向堡山科技支付290元，而堡山科技需要支付全额价款300元给商家，在支付之前堡山科技会扣除平台服务费15元，最终支付给商家285元。通常情况下堡山科技赚取的手续费高于优惠券金额，有些情况下手续费也可能会低于优惠券金额。在做会计处理时，堡山科技将提供给买家的优惠券直接冲减了堡山科技的收入。

那么，堡山科技这一会计处理是否正确呢？虽然现行收入准则提供的指引有限，但是可以根据收入的基本定义分析该问题。根据收入的定义以及案例背景，应该判断堡山科技作为电商平台，是一家中间商，应该按照净额确认收入，即按其提供的中间服务确认收入。在不提供优惠券的情况下，堡山科技作为商家的交易平台，代商家向买家收取300元，在支付给商家之前堡山科技会扣除平台服务费15元，最终支付给商家285元。不考

[①] 依据中国证券监督管理委员会会计部组织编写的《上市公司执行企业会计准则案例解析（2019）》相关案例改编，中国财政经济出版社，2019年4月。

虑相关税费的影响，堡山科技收到 300 元时，285 元为代收款，15 元为其作为平台提供服务获得的收入。平台向买家提供 10 元优惠券的情况下，堡山科技作为商家的平台，代商家从买家处仍然收取 300 元，与平台提供给买家的优惠券相抵，只收买家 290 元，堡山科技仍然需要支付给商家 285 元，因向买家提供优惠券而少收取的 10 元不属于商家向买家给予的商业折扣。不考虑相关税费的影响，其从商家获得的佣金收入仍然应该是 15 元，发放优惠券是平台为了提高知名度和点击量实施的宣传推广活动，所以应将优惠券抵减的 10 元全部计入销售费用，而不应该冲减收入。由此可见，在新经济新业态下，有些费用会计处理可能存在较大的弹性空间，需要引起足够重视。

6.5.2 利润表中的管理费用分析

管理费用是指企业行政管理部门为组织和管理生产经营活动而发生的各种费用。包括的具体项目有：企业董事会和行政管理部门在企业经营管理中发生的，或者应当由企业统一负担的公司经费、工会经费、待业保险费、劳动保险费、董事会费、聘请中介机构费、咨询费、诉讼费、业务招待费、办公费、差旅费、邮电费、绿化费、管理人员工资及福利费等。与销售费用一样，任何企业管理费用不可能是零或者太低。如果是零或者太低意味着对管理层或者骨干人员激励不足，企业凝聚力不够。所以，保持适度管理费用规模也是必需的。通常我们可以用管理费用率（管理费用率＝管理费用总额/营业收入）来度量。管理费用率高低与企业自身的治理模式、管理模式以及所处的行业、产品及服务的特征等因素有较大关系。

一般来说，集权式管理费用相对低一些，分权式管理费用相对高一些；国有企业管理费用相对高一些，私人企业管理费用相对低一些。由于存在制度政策、地区、行业、文化甚至核心管理者（企业家）的性格特征等背景差异的原因，企业治理模式、管理模式存在较大差异，所以，很难确定不同行业和企业管理费用率标准，但存在一般经验数据。总体而言，一家企业管理费用率不能太低，比如低于1%~2%，这说明该企业的办公条件、管理人员薪酬待遇、董事会的运转等方面工作做得不够，企业对相关人员特别是高级管理人员激励不够，企业的凝聚力可能不好。相反，如果一家企业管理费用率过高，比如超过了20%，说明这家企业在管理上不够精细，可能存在较大的管理漏洞。因此，正常情况下企业的管理费用率一般在10%左右。

除此以外，我们必须关注企业管理费用率总体及内部明细费用的结构变化趋势。譬如，一家企业连续3年办公费用下降，或者管理人员薪酬连续下降，这说明企业的管理方式发生改变，因为这两项费用都是涉及人员的费用，持续下降是为什么。要关注原因，这意味着对员工尤其是高级员工激励下降，可能是企业盈利不足或现金流不好等因素造成的。同理，董事会议费用、工会经费、业务招待费等费用连续下降也要关注。诉讼费用连续上升，可能是企业经营变差的表现。这些日常发生的费用变化最终导致管理费用总体变化，所以研究管理费用变化趋势是必须的。

在实务中，管理费用核算经常被粉饰，主要包括利用折旧计提、无形资产摊销、坏账准备计提等会计估计的弹性来粉饰会计信息。这些已经在前文中介绍了，在此不再赘述。此外，由于一些特殊业务的会计准则规范过于宽泛，部分企业往往选择有利于自身利益的准则核算管理费用。举例如下[①]：

澄海建筑材料股份有限公司（以下简称澄海建筑）是上市公司，2018年澄海建筑投资拟上市公司洛海材料科技股份有限公司（以下简称洛海材

---

① 依据中国证券监督管理委员会会计部组织编写的《上市公司执行企业会计准则案例解析（2019）》相关案例改编，中国财政经济出版社，2019年4月。

料），并持有洛海材料100%股权。2021年9月1日洛海材料首次公开发行股票并在香港证券联合交易所上市，发行新股总计60 000万股，每股发行价0.25港元。2018—2021年，洛海材料发生的费用包括：2018年、2019年和2020年年报会计师审计费用每年150万港元，申报报表会计师审计费用350万港元，券商承销费300万港元，保荐费400万港元，财经公关费200万港元，上市酒会费100万港元。洛山材料认为上述费用属于发行权益性证券直接相关的新增费用，因此，直接在权益性证券的发行溢价中扣减。

那么，洛山材料会计处理正确吗？显然，洛山材料这种会计处理方式降低了管理费用，粉饰了当期收益。正确的方法应该是按照企业会计准则有关交易费用的定义以及会计部函〔2010〕299号处理，即洛山材料首发申报报表会计师审计费用、券商承销费和保荐费共计1 050万港元，属于与发行权益性证券直接相关的新增费用，应自权益性证券的发行溢价中扣减，发行溢价不足扣减或无发行溢价的，应冲减盈余公积，盈余公积不足冲减的，不足部分再从未分配利润中冲减。而发行权益性证券过程中发生的财经公关费和上市酒会费共计300万港元，与发行权益性证券并不直接相关，应计入发生年度业务招待费。2018年至2020年年度报告审计费用共计450万港元，不属于发行阶段发生的费用，既不是与发行权益性证券直接相关的费用，也不是新增的费用，应计入各相关年度管理费用。

6.5.3 利润表中的财务费用分析

财务费用是指企业为筹集生产经营所需资金等发生的费用。具体项目有：利息净支出（利息支出减利息收入后的差额）、汇兑净损失（汇兑损失减汇兑收益的差额）、金融机构手续费以及筹集生产经营资金发生的其他费用等。需要注意的是在企业筹建期间发生的利息支出，应计入开办费；为购建或生产满足资本化条件的资产发生的应予以资本化的借款费用，在"在建工程""制造费用"等账户核算。

一般情况下，不太容易估算企业财务费用的经验数据，因为财务费用不是必然与营业收入或资产规模存在对应关系。但是，有一些基本逻辑可以考虑，比如，如果一家企业当期存在应收款项和存货余额较高，而应付款项余额较低的情况，往往会存在较高的财务费用。同理，如果一家企业的固定资产、无形资产等长期资产余额较高，或者比例结构较高，而净资产较低，说明这家企业长期资产形成主要依赖负债，所以，其财务费用也会比较高。

6.5.4 区分资本化支出与费用化支出问题

所谓资本化支出是指构建和采购相关资产所发生的直接费用，比如购建固定资产所发生的差旅费、采购成本、相关税费、资本和利息等。所谓费用化支出是指资产达到预定可使用状态后，所发生的直接费用，就要费用化，比如借款利息。无形资产研究阶段和开发阶段，研究阶段费用化，开发阶段资本化。两者最大的区别在于：某项支出是否增加固定资产价值，如果不能增加，那么就属于费用化支出，如果可以增加，那么就属于资本化支出，比如修理费，如果是小修理、日常维护等，是不会增加固定资产价值的，所以通常都是费用化处理；如果大修理、更换主要部件等，是会增加固定资产价值和使用年限的，通常要做资本化处理，至少要计入长期待摊费用。资本化可以增加资产的价值，即形成资产的成本；费用化就是形成当期的费用。研发阶段的资本化条件，除上面说的外，开发阶段购买的固定资产全计入费用里面。

随着新经济新业态不断涌现，许多企业为了加快企业资金周转，提升资金使用效率，不太愿意对资本化支出投入，如大量资金投入研发，租入经营和办公场所等。在财务会计报表上表现为资产比重比较低，形成所谓的轻资产企业，许多支出多以费用化支出计入当期损益，以加快资金周转效率。对于这种商业模式，我们要关注的是其服务、研发技术前景问题，如果一家企业服务、研发技术前景较好，那么费用化支出的风险则可控；如果该家企业服务、研发技术前景不明朗，则要考虑其风险问题。研发支出的会计处理难点在于如何区分资本化与费用化，一般情况下，研究阶段的支出应该计入费用化处理，开发阶段的支出如果符合资本化条件部分，则计入资本化支出，不符合条件部分直接计入费用化支出。但是对于研发周期较长的项目，比如医药研发，要仔细区分，一般情况下，在探索研究阶段，计入费用化支出，能够满足开发条件，进入开发阶段，且很可能形成无形资产条件的，则计入资本化支出。

此外，还要认识到，有些轻资产企业往往是新成立不久的企业，企业规模小，处于初创期或成长期，所以这类企业是具有一定的经营风险和财务风险的。

除了上述问题外，还有一些企业会利用资本化支出和费用化支出粉饰财务会计报表，故意将资本化支出计入费用化支出，或者故意将费用化支出计入资本化支出，以粉饰企业产能规模、研发技术能力，最终粉饰企业盈利能力和前景。

随着现代技术的推进，许多营销策略和手段都发生了翻天覆地的变化，比如，许多企业将企业的产品或发展历程拍成动漫甚至电视短剧等进行宣传。这其中，有的公司制作动漫作品主要是为了推广和宣传公司的实体产品；也有的公司在完成动漫作品的制作和版权销售后继续专注于该动漫作品的衍生产品开发和销售（如服装、玩具、文具）。在动漫作品的创意和制作过程中所发生的支出，应当作为营销费用计入当期损益还是应当资本化计入动漫作品的成本，争议较多。以下事例比较典型①。

丽海玩具科技股份有限公司（以下简称丽海玩具）是一家以生产销售玩具为主营业务的企业。为促进玩具销售，丽海玩具投资拍摄动漫影视作品。在获得国产电视动画片发行许可证，并在省版权局进行版权登记拥有版权之后，丽海玩具将影视作品制作支出确认为存货；将为播放影视作品支付给电视台的播出、广告等费用计入当期销售费用；销售动漫玩具产品时，每月按动漫玩具实现的销售收入占预计总销量收入（动漫玩具未来3年预计收入）的比例对影视剧投资支出金额进行摊销，确认为营业成本。

在这里我们应该注意到：丽海玩具以生产销售玩具为主营业务，投资拍摄动漫影视作品的目的是促进动漫玩具销售，而不是通过销售动漫影视作品著作权、发行权、放映权盈利，且丽海玩具的商业模式即盈利模式中不包括通过销售版权获取盈利。因此，丽海玩具的动漫影视作品拍摄支出应比照广告费用处理。即丽海玩具应将影视作品制作支出、为播放影视作品支付给电视台的播出和广告等费用计入当期销售费用，不应将影视作品制作支出确认为存货并在之后的期间摊销。

6.6 利润表中的投资收益问题

投资收益是企业对外投资所取得的利润、股利和债券利息等收入减去投资损失后的净收益。一般地，多数企业是以一项或几项商品生产或服务作为主营业务，构建自身的商业模式，但现代企业通常还会通过对外投资或资本运作等方式增加自身盈利水平，这样就会形成投资收益。正常情况

---

① 依据中国证券监督管理委员会会计部组织编写的《上市公司执行企业会计准则案例解析（2019）》相关案例改编，中国财政经济出版社，2019年4月。

下，企业投资收益主要来源于企业对外股权投资、投资性房地产、处置交易性金融资产、交易性金融负债、可供出售金融资产实现的损益获得的收益，以及企业的持有至到期投资和买入返售金融资产在持有期间取得的各种收益和投资处置损益。

如果一家企业对外投资占资产比重较高的话，则其商业模式就变得比较复杂。此外部分企业利用对外投资进行资本运作，特别是随着新经济新业态不断涌现，企业股权设计日益复杂，股权转让以及资产转让形式也是日益复杂。而企业会计准则规定相对宽泛，有时候还不一定能跟上新经济新业态发展需要，这其中涉及收益如何确认、如何计量、如何处理一些复杂的投资收益业务等。我们在阅读利润表时对此需要引起足够关注，以判断其投资收益确认的合理性。

克山枣业科技股份有限公司（以下简称克山枣业）是一家从事红枣种植、加工和销售的上市公司。岐山物联网技术有限公司（以下简称岐山技术）是一家从事物联网、区块链等技术研发的科技公司。2019年4月，克山枣业向岐山技术投资1 100万元，成为岐山技术第二个股东，占其股份20%。两个股东之间不存在关联关系。依据投资协议，岐山技术董事会共设5名董事，克山枣业可委派1名董事参加岐山技术董事会。岐山技术另一股东委派4名董事，并出任董事长。岐山技术在日常经营过程中，严格遵循《公司法》及公司章程要求，定期向克山枣业报送财务会计报告、董事会决议等重要信息或者决策信息。由于克山枣业的股东、董事会及管理层等相关人员对物联网、区块链等技术不熟悉、不专业，所以，决策时多数都是以另一股东意见为准，对岐山技术董事会所有决策均未发表否定意见。由于岐山技术尚在初创期，2019年、2020年连续亏损，分别亏损2 100万元和3 200万元。对此，克山枣业认为，虽然持有岐山技术的20%股权，但对岐山技术所从事领域不专业，且岐山技术章程规定所有决策达到 2/3 表决权即可通过，另一股东占董事会 4 席，因此，克山枣业实际上无法对岐山技术实施重大影响，因此在对投资收益核算时采用成本法核算。

在这里我们要考虑克山枣业为什么要强调采用成本法核算，因为这样的会计处理可以减少对其长期股权投资、收益和净资产账面价值的影响。那么，克山枣业这样的会计处理是否正确呢？

按照企业会计准则的有关规定，重大影响是指对被投资单位的财务和经营政策有参与决策的权利，但并不能够控制或者与其他方一起共同控制这些政策的制定。投资方对被投资单位具有重大影响的长期股权投资，应当采用权益法核算。准则对重大影响的判断与对控制的判断有所区别，对重大影响判断的核心是分析投资方是否有实质性的参与权而不是决定权。对于克山枣业来讲，参与岐山技术董事会决策不存在任何障碍，且岐山技术也依据相关法律和章程要求及时报送了各类信息及材料，不存在信息不对称的问题。且克山枣业全程都参与了岐山技术的各项决策。企业会计准则将重大影响定义为"对被投资单位的财务和经营政策有参与决策的权利"而并非"正在行使权利"，其判断的核心应当是投资方是否具备参与并施加重大影响的权利，而投资方是否正在实际行使该权利并不是判断的关键所在。因此，克山枣业应该采取权益法核算而不应该是成本法核算。

为了进一步说明资本运作对投资收益的影响，再举一例：

杏山国际远洋航运公司（以下简称杏山远洋）是一家从事国际航运的上市公司。釜山工程技术公司（以下简称釜山工程）是杏山远洋的控股股东，2017 年 9 月，釜山工程出售杏山远洋股权，不再是其股东。2017 年 10 月，杏山远洋预报 2017 年将亏损 4 700 万元。2018 年 2 月，杏山远洋将自己拥有的土地和房产投资成立淮山制造技术公司（以下简称淮山制造）全资子公司，淮山制造成立时，相关土地和房产均按账面价值转出，总计 6 700 万元，且土地证和房产证并未过户给淮山制造。2018 年 6 月，杏山远洋将淮山制造 100% 的股权出售给釜山工程，出售价格按照资产评估师事务所的评估价值计算。经评估，该宗土地和房产增值了 7 200 万元。双方公司于 2018 年 6 月 20 日召开股东会和董事会批准这一交易，并签署合同，2018 年 7 月 25 日完成了工商变更登记，且交易款项也支付完成。截至淮山制造股权出售时，杏山远洋仍未将相关权证予以过户。此项交易结束时，杏山远洋确认了 7 200 万元股权转让收益。那么，杏山远洋确认的收益是否符合企业会计准则的规定呢？

  杏山远洋把土地和房产投资至淮山制造，根据企业会计准则的相关规定，淮山制造确认资产以及杏山远洋终止确认资产的重要依据是对资产的控制是否发生了转移。土地和房产属于不动产，根据《中华人民共和国物权法》（已于 2021 年 1 月 1 日废止）规定，一般来说，不动产需要登记过户才能享有相关权益，但是若交易双方通过合同对标的资产转移做了明确约定，物权法也认可其权利的存在，《中华人民共和国物权法》第十五条明确合同效力不受未办理物权登记的影响。根据新收入准则的要求，固定资产和无形资产的处置，相关控制的判断应当参考商品控制权转移的判断原则，即收入准则第十三条的规定。在商品控制权判断原则中，商品法定所有权的转移只是其中一个条件。实务中不能仅凭是否过户来认定控制权是否转移。在控制权判断的其他条件满足的情况下，对于尚未过户这一条，需进一步考虑交易双方在合同中对资产控制权所做的相关约定、房产未过户的原因，以及后续过户是否存在实质障碍等因素，来综合判断该笔交易是否已完成。案例中，若合同已明确约定在某个时点与房产、土地相关的风险与报酬已转移，房产土地的实质性权利已从杏山远洋转让给淮山制造，且后续过户不存在实质性障碍，所需只是办理时间问题，则尚未过户并不影响淮山制造确认相关资产，也不影响杏山远洋在 2018 年确认淮山制造股权转让的收益。但我们应该注意到，通过这笔交易，杏山远洋扭亏为盈，这需要引起足够重视，以便做出正确决策。

6.7 利润表中的营业外收入分析

营业外收入主要是指在企业正常经营以外取得的各项收入，包括：企业合并损益、盘盈利得、因债权人原因确实无法支付的应付款项、政府补助、教育费附加返还款、罚款收入、捐赠利得等。

正常情况下，营业外收入不应该引起过多关注。近些年来，国家及地方政府出台了一些产业政策，支持某个领域或行业、产品、技术及某些优势产业发展，对一些特别企业或地方企业加大资源支持，有时也是为了帮助地方一些大型企业纾困，进行政府补助。一般情况下，政府补助主要包括：财政拨款、贴息贷款、划拨资产等货币性资产或非货币性资产。这些政府补助有两个特点：一是资源来自政府；二是无偿性。由于各个地方政府补助差异比较大，形式也是多种多样，设定条件也存在较大差异，企业要获得政府补助需要满足这些设定的条件。虽然企业会计准则对政府补助做出明确规定，但在实务中，如何区分企业是因满足了一定条件（例如企业达到地方政府设定的条件）而获得了政府补助与政府作为参与交易的一方，要求企业为政府提供某些商品或服务而支付给企业的对价，是会计处理时的难点，所以，其在利润表中反映也存在难点。

劈山药业股份有限公司[①]（以下简称劈山药业）是一家制药企业。

---

① 依据中国证券监督管理委员会会计部组织编写的《上市公司执行企业会计准则案例解析（2019）》相关案例改编，中国财政经济出版社，2019 年 4 月。

2008年接受国家委托进口医药类特种原材料A，并将A材料销售给国内其他制药厂加工生产B药，有加工企业将B药销售给最终顾客或患者。B药销售价格由政府确定。由于国际上A材料价格大涨，而国内B药销售价格不变，使得B药生产企业形成进销倒挂。2011年之前，国家规定A材料以劈山药业进口价格为基础价格，对B药生产企业予以财政补贴。2011年后，国家规范补贴款管理，改为限定劈山药业对生产企业的销售价格，然后对劈山药业的进销差价损失由国家财政给予返还，差价返还金额以销售价格减去加权平均采购成本的价差乘以销售给生产企业的数量计算。劈山药业在收到财政差价返还款时以政府补助形式计入营业外收入。那么，劈山药业的会计处理是否正确呢？

一般情况下，从政府无偿获得的货币性和非货币性资产属于政府补助，但不是所有来源于政府的货币性和非货币性资产都是政府补助，应该具体问题具体分析。

劈山药业从政府取得货币资产，这从形式上来讲符合政府补助的定义，如果按照2017年修订之前的政府补助准则，收到的政府补助应当确认为"营业外收入"，但是这样处理，会导致劈山药业的报表呈现主营业务的毛利为负且存在较大金额的营业外收入，没有反映劈山药业的正常商业模式和交易实质，也未能反映该企业的真实经营状况。我们应该注意到：一是该部分来自政府的货币性资产是政府对企业日常销售价格进行限定之后的补偿。2011年之后，国家改变补贴管理方式，直接限定劈山药业的销售价格，其进销差价损失由国家财政补贴，本质上来自政府的补贴款是劈山药业商品价格的组成部分。从对劈山药业财务状况影响来看，采购并销售A材料的交易不会给其带来亏损，但是在劈山药业的报表中却呈现主营业务的亏损，不符合交易实质。二是从2011年之前和之后的对比来看，在2011年之前，国家将补贴直接支付给A材料的生产企业，劈山药业按照正常价格销售，不存在政府补助问题；而 2011 年之后，国家将补贴直接支付给劈山药业，该变化的主要原因是 A 材料的生产企业数量较多，直接支付给劈山药业便于国家的监督和管理，交易的性质没有因为支付前移发生变化。该补助的实质是对最终顾客的补助，对于前端进口和生产企业而言，都是一种限制正常售价后的价格补偿。三是从交易实质看，劈山药业受政府委托进口原料，为政府提供服务，政府支付的价款实质是交易对价的一部分。政府补助最本质的特点是无偿性。而本案例中，政府给予补贴的原因是劈山药业售价被政府管制，差价由政府补偿，这一切都和劈山药业进口并销售原料而且没有按正常价格销售有关，不具有无偿性。此外，将在同一项交易中，针对同一标的资产从指定企业收到的销售款作为收入，而将从政府收到的对价部分确认为营业外收入，这样处理不能公允地反映交易实质。因此，劈山药业从国外进口 A 材料，按照限定的价格销售给指定企业，并从政府取得的差价补偿，与其销售商品或提供服务等活动密切相关，属于企业商品或服务的对价或者是对价的组成部分，不属于政府补助，不应该在营业外收入中反映。

6.8 利润表中的商业故事总结

综上所述，当我们阅读一份利润表时，第一应该关注其毛利率，第二需要分析其主营业务前景，第三要判断其收入确认是否合理，第四要关注其费用结构是否合理，最后还要考虑投资收益及营业外收入的影响。在正常情况下，好的商业模式的毛利率至少要达到 30% 以上，比如一家中型制造企业，如果其毛利率在 30% 左右，正常情况下，其销售费用率大约是 10%，管理费用率大约是 8%，在扣除一定财务费用及其他税费，比如占比大约 5%，这时，我们大约可以判断其净利率大约是7%。如果该企业能够获取一定税收优惠，则其净利率大约能够达到10%。这里仅是简单凭经验略举一些经验数据，因为存在地域、行业以及商业模式等因素的差异，不一定合适，但基本逻辑不错。所以，在进行投资尽职调查时，当一家农业种植企业老总向你介绍企业毛利率为20%时，净利率能够达到10%时，因为留给扣减中间费用空间过小，所以，要保持应有的谨慎，要怀疑其费用确认是否合理，是否存在粉饰业绩现象，是否是在讲一个美妙的商业故事给你。

此外，我们还应关注当主营业务是亏损，而利润总额是盈利的现象。如果主营业务是亏损，则要考虑是暂时性，还是持续性的亏损，如果是持续性亏损则要注意经营风险，特别是这时利润总额是盈利时，说明企业获得额外补贴或者通过非正常经营方式获取额外利润，我们要研究出现这一现象的动机和原因，以判断企业未来发展的前景与风险。

7 现金流量表中的商业故事

无论是在教科书上还是在实务中，人们对现金流量表的分析和利用似乎没有资产负债表和利润表那样广泛。为什么呢？因为它不像利润表那样可以直接地反映出企业的经营成果或盈利状况，也不像资产负债表那样可以直观地反映企业财务状况，它只是反映了企业现金变化的信息，且现金流量表编制过程相对复杂，不够通俗易懂，导致很多人不能简单直接理解现金流量表。事实上，通过现金流量表我们也可以理解一种商业模式的实质。

7.1 现金流量表的再认识

现金流量表是反映一定时期内（如月度、季度或年度）企业经营活动、投资活动和筹资活动对其现金及现金等价物所产生影响的财务报表。现金流量表详细描述了一家企业的经营、投资与筹资活动所产生的现金流，也反映了资产负债表及利润表的商业模式是如何影响企业现金和现金等价物的。现金流量表主要内容参见图 7-1。

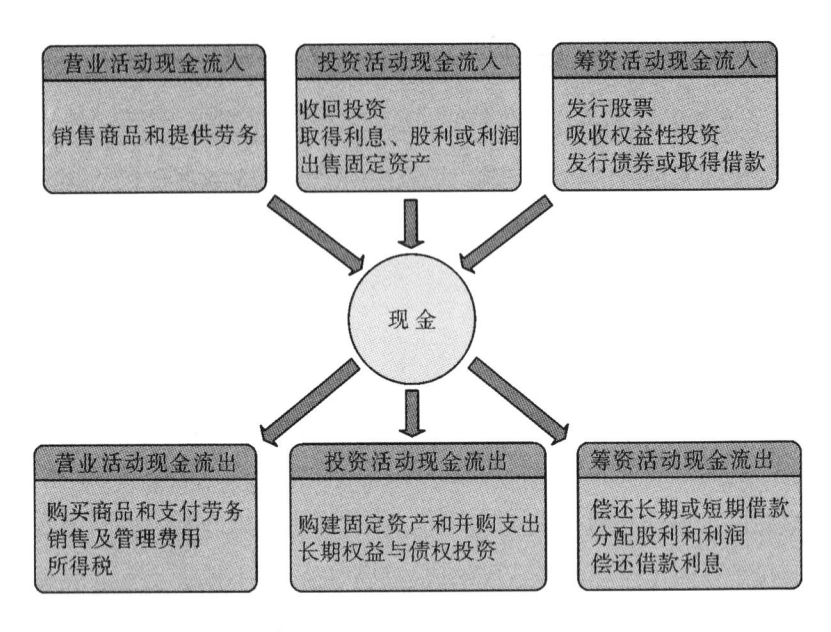

图 7-1 现金流量表主要内容

作为一种财务数据披露与分析的工具，现金流量表是资产负债表和利润表的信息披露的补充，也是企业商业模式本质的进一步解释。前面我们已经通过资产负债表去了解一个商业模式的流动性、产能、信用能力、治理水平、盈利能力和可持续性；通过利润表去了解一个商业模式的盈利水平、主营业务前景、费用结构合理性、收入与费用确认以及投资收益与营业外收入确认等事项。通过这些分析与理解，初步可以判断什么样的商业模式是好的商业模式，或者说什么样的项目是好的项目，什么样的企业是好的企业。但是有一些问题尚需进一步关注，比如商业模式盈利的质量问题以及企业现金流质量问题。虽然一些企业利润表反映出企业当期盈利水平较高，但是这些盈利都是在权责发生制情况下核算出来的，在未来会因为各种各样原因的影响导致最终无法实现，而在市场经济中，企业经济目标虽然是价值最大化，在"现金为王"的时代，本质上应该是现金最大化，或者说是利用现金效率最大化。因此，企业需要对投资人等利益相关人进一步披露商业模式创造现金和利用现金效率的信息，由此，现金流量表的出现是必然的。进一步来讲，我们阅读和分析现金流量表就是要通过现金流量表理解一家企业或商业模式创造现金和利用现金的效率等问题，进一步判断企业的风险，为决策提供进一步的依据。现金流量表、资产负债表和利润表的勾稽关系如图 7-2 所示。

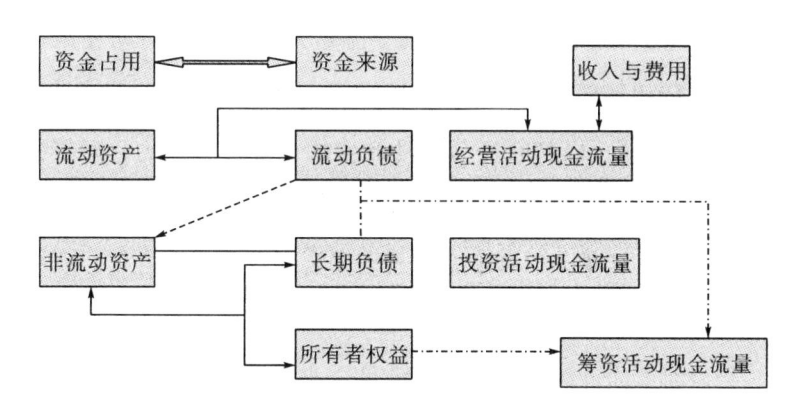

图 7-2 现金流量表、资产负债表和利润表的勾稽关系

从图 7-2 可以看出，现金流量表中经营活动现金流量受企业日常经营水平的影响，反映企业创造现金和利用现金的效率，同时也能够反映企业的支付能力和及时偿债能力；体现在资产负债表中则表现为流动资产和流动负债；体现在利润表中则表现为收入和费用。投资活动现金流量反映了企业投资能力或投资收益水平，体现在资产负债表中则反映企业产能以及其他长期资产的变化调整情况，以及利润表中的投资收益。筹资活动现金流量反映了企业融通资金能力，反映在资产负债表中则表现为负债和所有者权益。

那么，我们应该如何理解现金流量表呢？基本框架可以分为两个部分，一是对企业过去的现金流量状况进行总结，二是依据企业未来增长策略和财务政策对现金流量需求进行规划。现金流量表分析框架见图 7-3。

拿到一份现金流量表时，依据图 7-3，首先可以判断经营活动、投资活动以及筹资活动产生的现金流量总括情况，并考虑企业现金流量利用效率。其次，依据企业增长策略和财务政策，判断企业未来发展资金需求，然后判断企业应该采取哪种筹资方式或模式。据此，我们分析的起点可以从现金流量表的结构开始，首先，计算三大活动产生现金净流量分别占总现金流量的比重，以判断企业主要现金流量是来自经营活动还是投资活动，以及是否依赖外部筹资。其次，计算现金销售比，即经营活动现金净流量/销售收入总额，以判断经营活动产生的现金流量能力，间接判断企业的经营成果、企业支付能力和偿债能力。同理，也可计算投资活动现金净流量占投资总额比重，以判断企业投资需要现金数量、现金投资效率以及投资带来的财务风险。最后，分析筹资活动内部结构，判断企业资金主要来源，以及判断企业筹资是否能够满足企业经营和投资活动对现金流量的需要，同时判断企业的财务风险。

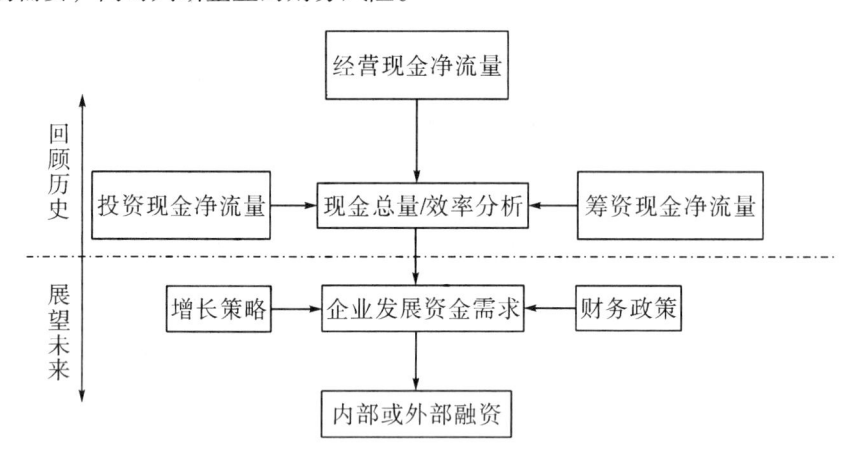

图 7-3 现金流量表分析框架

7.2 经营活动现金流量中的商业故事

现金流量表中经营活动主要是反映与企业主营业务有关的现金流入和流出。在实务中，经常被问到企业经营活动现金净流量多少比较合适。首先，我们应该有个基本常识，就是经营活动现金净流量应该是正数。从wind和choice等数据库所提供的数据来看，近些年来，我国A股非金融类上市公司中85%左右的公司的经营活动现金净流量是正数。简单地可以理解为有85%左右的上市公司是盈利的，而余下的15%左右的上市公司是亏损的。如果真去这么理解，可能又不准确。因为亏损企业，经营活动现金净流量不一定是负数。现金流量表是按照收付实现制以利润表中的净利润为基础调整编制出来的。这个编制过程是现金流量的计算过程，也是将权责发生制调整为收付实现制的过程。在这一过程中，应收应付款项的确认以及会计估计的弹性会对经营活动现金净流量产生较大影响，所以，亏损企业的经营活动现金净流量不一定不好，相反，也不能说盈利企业的经营活动现金净流量就一定是好的，都需要具体分析。

如果一家企业经营活动现金净流量持续为正，且经营活动现金净流量占销售收入比高，则说明企业现金创造能力强，现金利用效率高，支付能力强；如果此时经营活动现金净流量占负债比高，则说明企业偿债能力强。这时企业的经营风险与财务风险应该是可控的。如果一家企业经营活动现金净流量持续为负，则说明该企业现金创造能力弱，支付能力差，偿债能力差，企业的经营风险与财务风险上升，且将面临失控危机。在实务工作中，严格地说，经营活动现金净流量仅仅是正数是不够的，因为企业不同发展阶段对现金需求是不一样的。具体见表7-1。

从表 7-1 可以看出，企业不同发展阶段对现金流量的需求是不同的，且在不同发展阶段产生现金流量的能力也是不同的。因此，我们应结合企业不同发展阶段的实际情况，对其经营活动现金净流量予以具体分析。所以，一家企业经营活动现金净流量真正比较好的情况是：经营活动现金净流量不仅仅是正数，还必须是补偿当期的非现金消耗性成本[①]后仍有剩余，这才能真正说明其现金创造能力强，支付能力强。

表 7-1　经营活动产生的现金流量的阶段性质量分析

现金流量	经营周期			
	萌芽期	成长期	成熟期	衰退期
经营活动现金净流量小于零	正常	长期持续状态，说明回笼现金的能力很差		很差
经营活动现金净流量等于零	中等	长期持续状态，说明回笼现金的能力很差		一般
经营活动现金净流量大于零但不足以补偿当期的非现金消耗性成本	较好	长期持续状态，仍然不能给予较高评价		较好
经营活动现金净流量大于零并恰能补偿当期的非现金消耗性成本	好	较好	好	好
经营活动现金净流量大于零并在补偿当期的非现金消耗性成本后仍有剩余	很好	很好	很好	很好

此外，由于在计算经营活动现金净流量过程中会受到应收应付账款的确认以及会计估计的弹性影响，实务中我们还应该考虑存在企业对这一信息进行粉饰的现象。如果一家企业在资产负债表日之前应收账款异常减少，而资产负债表日之后，应收账款或其他应收账款异常增加，或者是资产负债表日之前应付账款异常增加而资产负债表日之后应付账款异常减少，或者计提高额的各类减值准备、折旧等非现金消耗性成本异常，我们

---

① 这里非现金消耗性成本主要是指计提折旧、无形资产摊销、存货减值准备以及坏账准备等不影响现金支付的相关成本费用。

应该考虑该企业可能是在粉饰经营活动现金净流量，要考虑其动机与目的，以判断潜在的风险。

7.3 投资活动现金流量中的商业故事

现金流量表中投资活动反映了企业购置以及处置长期类资产有关的活动带来的现金增减。与经营活动现金净流量不同的是，投资活动现金净流量一般情况下可能是负数，即小于零。依据 wind 和 choice 数据库统计，近些年来 A 股上市公司中有 78% 的企业的投资活动现金净流量是负数，有 22% 左右的企业的投资活动现金净流量是正数。一般情况下，如果一家企业投资活动现金净流量是负数，则说明这家企业商业战略是在扩张；如果这家企业投资活动现金净流量为正数，则可能是这家企业的商业战略是收缩。需要说明的是，随着近些年来金融产品的不断创新，许多企业将闲置的现金用于金融产品投资或理财，取得较高收益。所以，当一家企业的投资活动现金净流量为正时，不一定说明该企业在收缩，有可能是该企业在进行对内投资（构建固定资产等）和对外金融投资，总体上是赚钱的。出现上述这种情况其实是不容易的，因为对于一般的企业来说，某种商业模式的主要投资都是构建固定资产，属于现金净流出，收回的则是固定资产的残值，不能形成一个闭环，中间的差值变成折旧消耗掉了。如果这种商业模式的投资活动现金净流量为正，通常都是企业在从事一些对外的金融投资，项目赚钱才能在投资活动内部形成一个闭环。现在还有一些企业不怎么对内部进行固定资产等长期资产投资，积攒的现金做理财，这种情况下就会出现常年为正的现象。所以，当一家企业投资活动的现金净流量为正时，我们可以结合资产负债表的长期股权投资、投资性房地产、固定资产、无形资产等相关项目加以判断，如果这些项目余额并未下降，则说明该家企业投资活动效率比较高，收益也较好。

一般情况下，高成长的企业，投资活动现金净流量应该是负数，主要原因是其处于高扩张期。但如果一家企业投资活动现金净流量持续为负，我们则需要关注：一是持续扩张带来的经营风险与财务风险；二是持续扩张的资金来源，如果主要是依赖债务资金，特别是企业存在"短贷长投"[①]行为，则需要考虑其偿债能力与财务风险；三是持续扩张的动机与目的，特别是短期内扩张速度过快，更要注意，因为现实中有很多企业为了达到IPO、发行债券、长期贷款或者吸引私募投资等条件，快速做大企业规模，出现高速扩张现象，我们要判断这种扩张会不会是过度扩张，致使后期出现较大的经营风险与财务风险。经典案例是餐饮企业中"谭鱼头""俏江南"以及"永乐电器"等企业的扩张中带来的风险问题，在此不再一一列举。

7.4　筹资活动现金流量中的商业故事

现金流量表中筹资活动反映了企业在资本以及债权结构和规模上的变动情况。一般情况下，企业筹资活动现金净流量也是负数。负数意味着企业存在通过外部筹资来满足经营活动和投资活动对现金的需要，且在不断地偿还债务本金和利息或者分配股利等。依据 wind 和 choice 数据库的统计，近年来 A 股市场上有 62% 左右的上市公司筹资活动现金净流量为负数，38% 左右的上市公司筹资活动现金净流量为正数。

一般情况下，一家企业在成长或者扩张阶段和刚进入资本市场时期，

[①]　这里所谓短贷长投，是指企业利用短期借款进行长期投资的行为。由于短期贷款需要及时还款，而长期投资周期长、周转慢，所以，可能出现长期投资没有投资完成或者没有开始运营，也就是尚未产生现金流，就需要归还短期贷款的本金和利息，导致企业资金链断裂风险产生。

筹资活动现金净流量可能是正数，因为这个时期需要通过外部筹集大量资金以满足扩张需要，或者是因为刚进入资本市场募集了大量资金。在后来的发展阶段，随着大量的债务筹集的资金还款到期或支付利息、分配股息的时期到来，企业筹资活动现金流出量就比较高，此时反映出的筹资活动的现金净流量为负数。正常情况下，筹资活动现金净流量的余额通常是正负交替发生，一般是短暂正数，然后持续一段时间负数。如果一家企业筹资活动现金净流量持续为正数，那么，我们应该考虑其商业模式特征，为什么需要持续筹资，为什么能够持续筹集到资金。如果这时候的筹资渠道是股权性等权益性筹资工具，说明投资人对该企业信心比较充足。如果这时候的筹资渠道是债权性筹资工具，说明该企业信用可能比较好，但是我们要考虑其带来的潜在财务风险。近十年来的房地产行业就是经典的案例。

如果一家企业筹资活动现金净流量持续为负数，则需要关注其原因。如果持续为负数是因为持续采取了高分配政策，长期进行高额现金分红，则我们需要考虑高额分红对现金流的影响，防止因为高额现金分配导致企业现金流断裂，最终导致经营与财务风险。"四砂股份""佛山照明"等上市公司就是此类经典案例。如果持续为负是因为存在高额的债务需要还本付息，我们则需要关注其财务风险。A股市场62%的上市公司筹资活动现金净流量持续为负，说明多数企业外部筹资可能主要是依靠债权性筹资工具筹资，应该引起关注。

7.5 三项活动现金净流量综合分析

前面我们分项介绍了经营活动、投资活动和筹资活动中现金净流量的商业故事。事实上，分项研究不足以看清楚一家企业商业故事的本质和风险，需要将三项活动的现金净流量结合起来分析。根据三项活动的现金净流量正负结果的排列组合，可以反映 8 类商业模式。具体见表 7-2。

表 7-2　现金流量表中的商业模式

商业活动与模式	一	二	三	四	五	六	七	八
经营活动现金净流量	+	+	+	+	−	−	−	−
投资活动现金净流量	+	+	−	−	+	+	−	−
筹资活动现金净流量	+	−	−	+	+	−	+	−

第一类，三项活动现金净流量都是正数的商业模式。在这种商业模式下，说明企业经营活动产生的现金流比较好，投资活动产生的收益比较高，所以获得了较多的外部权益性投资。注意这时候筹资活动现金净流量为正数，多数情况下不应该是通过债权性工具筹资，这说明企业商业模式的盈利能力、技术前景以及公司治理模式等方面比较出色。这是企业经营的理想状态，说明企业进入良性循环，外部投资人等相关方面对其未来发展比较有信心，企业比较有发展前景。在实务中，这类企业比较少，依据 wind 和 choice 数据库的数据测算，大约有 1.5% 的上市公司属于这一类型企业。

第二类，经营活动现金净流量为正，投资活动现金净流量为正，筹资活动现金净流量为负的商业模式。在这种商业模式下，企业日常经营活动能够产生现金流，但企业应该是没有采取扩张策略，所以，投资活动现金净流量为正数应该是通过金融理财等手段获得较高收益。可能存在经营活动产生的现金流不足以满足日常资金周转需求的情况，此时，企业应该存在一定的债务规模，所以有还本付息的现金流出；也有可能是经营活动产生了足够多的现金流，存在高分红的现金流出，因此导致筹资活动现金净流量为负。这种模式下，企业的经营风险和财务风险应该都可控，企业盈利能力和持续经营能力应该比较好。wind 和 choice 数据库反映，近些年此类企业在上市公司中占比为15%左右。

第三类，经营活动现金净流量为正，投资活动现金净流量和筹资活动现金净流量均为负的商业模式。在这种商业模式下，企业经营活动能够产生现金流且企业处在扩张期，经营活动产生的现金流不能够满足日常经营和扩张的需要，企业存在一定负债，所以，有常规性还本付息的现金流出；也有可能是，经营活动产生的现金流较大，一方面能够满足企业扩张需要，另一方面还能通过分红方式回报股东，如"贵州茅台""中国石化""美的集团"等；或者是上述两种情况兼而有之。这类企业应该具有较好的商业前景，因为采取扩张策略，所以存在一定的潜在经营风险和财务风险，所以，我们应该关注其风险控制策略。从目前上市公司数据来看，这类企业是上市公司主流企业，据测算占 A 股市场上市公司的42%左右。

第四类，经营活动现金净流量为正，投资活动现金净流量为负，筹资活动现金净流量为正的商业模式。在这种商业模式下，企业经营活动产生现金流，但不能满足企业扩张需要，企业需要外部筹资。这种商业模式下企业应该处在成长期，具有较好的银行信用。经营发展前景应该可以，所以投资人对其应该有一定信心。但是，由于企业不是在成熟期，所以，潜在风险应该还是有的，需要引起关注。目前此类企业在上市公司中的比重大约为26%。

第五类，经营活动现金净流量为负，投资活动现金净流量和筹资活动现金净流量均为正的商业模式。在这种商业模式下，企业经营活动不能产生足够的现金流，主要依赖获取投资收益、处置资产或者外部筹资获取现金流以维持企业经营运转。这类企业商业模式盈利能力不强，前景应该不太理想，但尚能维持一定的银行信用，应该存在一定经营与财务风险。目前，其在上市公司中占比不高，大约2%。

第六类，经营活动现金净流量为负，投资活动现金净流量为正，筹资活动现金净流量为负的商业模式。在这种商业模式下，经营活动不能产生现金流，意味着主营业务盈利能力不强，还需要偿还借债的本金和利息，所以主要依赖以前的投资收益或处置资产获取现金流。所以，企业经营风险和财务风险应该比较高，面临可持续经营风险。目前其在上市公司中占比大约3%。

第七类，经营活动现金净流量和投资活动现金净流量均为负，筹资活动现金净流量为正的商业模式。在这种商业模式下，企业经营活动不能产生现金流，企业还在扩张，企业运转主要依赖外部筹资取得的现金流，意味着企业可能是在初创期和成长期，特别是那些轻资产的企业或者高科技企业初创期就是如此。这时筹资活动现金净流量为正，可能主要是投资人投入资金。如果是这种情况，我们需要关注这类企业的发展前景，如果前景较好，则风险应该可控，如果前景不好，则意味着风险较高。如果不是这种情况，意味着企业可能是通过扩张，获取一定资产规模，以换取银行信用，因此，企业经营风险和财务风险都比较高，"雏鹰农牧"就是经典案例。这类企业的盈利能力不强，面临可持续经营问题。目前上市公司中此类企业占比相对较高，大约6%。

第八类，三类活动现金净流量均为负。在这种商业模式下，企业经营和投资均不能产生现金流入，可能是扩张期依赖外部资金较多，还存在还本付息现金流出，所以，企业面临较高的经营风险和财务风险。这类企业应该是盈利能力不强，前景不好，存在可持续经营问题。据测算，目前上市公司中此类企业占比大约为2%。

7.6 现金流量表相关指标分析

目前无论是在理论上还是在实务中，关于现金流量表的分析指标尚没有统一的基本指标体系，一般情况下，大家主要是从三类活动现金流量的结构指标、偿债能力、支付能力等方面构建指标体系。下面就此简要作介绍。

7.6.1 现金流量结构与趋势分析

现金流量结构分析是现金分析的基础环节，通常包括现金流入结构、现金流出结构以及现金流内部结构三个方面。现金流入结构是指企业的各项业务活动现金收入占企业当期全部现金流入的百分比；现金支出结构是指企业的各项现金支出占企业当期全部现金支出的百分比；现金流内部结构是指现金流入量和现金流出量的结构比率。计算举例如下：

现金流入结构分析：经营活动现金流入结构＝经营活动现金流入/现金流入总额；现金流出结构分析：经营活动现金流出结构＝经营活动现金流出/现金流出总额；流入流出比例结构分析：流入流出比例＝经营活动现金流入/经营活动现金流出。

通过现金流量结构分析，可以了解和掌握流入现金的主要来源和流出现金的主要去向，评价企业经营状况、创现能力、筹资能力、资金实力及保障能力，以帮助企业对各类现金流量在一定时期内的余额增减变化做出判断，抓住重点，采取有效措施，实现现金的最佳配置和使用。前文我们已经介绍了8类商业模式的特征，在实务中，可以结合现金流量的结构变化对这8类商业模式进一步做深入分析，以便能够进一步判断其经营状况、现金创造能力、支付能力、筹资能力或者资金保障能力。

现金流量的趋势分析是指分析企业的现金流入、流出及净流量变化趋势，并分析其发生了哪些变化，这些变化趋势对企业是有利的还是不利的。趋势分析法可以采用统计学中的定比分析法、环比分析法、平均增长率法等方法。举例见图7-4。

A企业现金流量变化趋势

—— 经营活动现金净流量　　—— 投资活动现金净流量　　—— 筹资活动现金净流量

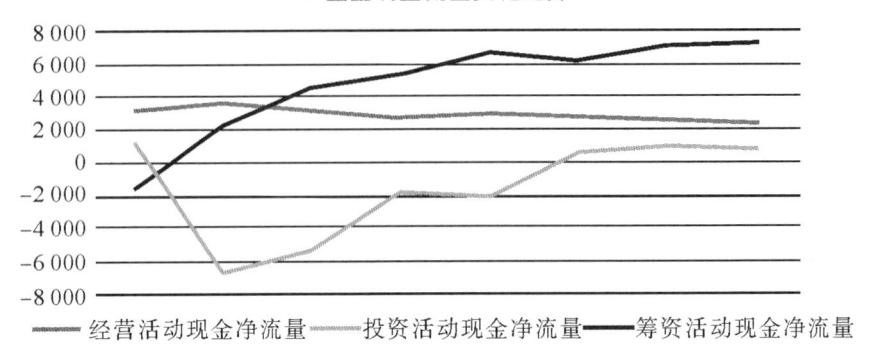

图7-4　A企业现金流量变化趋势

从图7-4可以看出，A企业经营活动产生的现金净流量呈下降趋势，但均大于零；投资活动逐步由负转正，而筹资活动现金净流量持续为正，且呈扩大趋势。说明A企业经营活动产生现金流的能力在下降，且逐渐不能满足企业扩张需要，逐步将依赖外部筹资，因此，可能存在一定的财务风险。也应看到企业投资效应逐步显现，后期回报逐步上升，应该可以降低一些投资风险。

7.6.2　现金流量表中的盈利能力及质量分析

当一种商业模式出现危机时，首先表现的就是现金的流动性变慢，商业信用下降，逐渐地就是利润表显示还有利润，但现金流量表中经营活动现金净流量逐步下降并有可能转为负数。所以，分析盈利能力及质量首先可以考虑计算净利润现金流量差异率。其计算公式为

净利润现金流量差异率＝（净利润-经营活动现金净流量）/总收入

该指标反映了一种商业模式或一家企业盈利质量，该指标值大，说明企业盈利水平较高，经营活动现金净流量较低，意味着企业盈利质量不高，相反，则表明企业盈利质量较好。如果是指标值的话，反映在资产负债表中，可能是应收款项余额越来越大，也可能是应付款项余额越来

小，或者兼而有之，说明企业商业信用在下降。

除此以外我们还可以通过计算销售现金收益率、总资产现金收益率、净资产现金收益率以及净利润现金比等指标，来判断企业盈利能力与质量。具体计算如下：

销售现金收益率＝经营活动现金净流量/主营业务收入

总资产现金收益率＝经营活动现金净流量/总资产平均余额

净资产现金收益率＝经营活动现金净流量/净资产平均余额

净利润现金比＝经营活动现金净流量/净利润

销售现金收益率反映企业每销售1元钱获取的现金净流量水平和能力，指标越高，说明企业创造现金的能力越强，同时也说明企业的盈利能力和质量越好。总资产现金收益率、净资产现金收益率则反映企业每投资1元钱资产的现金收益水平与能力，指标越高，说明企业资产利用效率越好；净资产现金收益率还可以反映企业投资收益的问题，指标越高，说明投资收益越好。净利润现金比则是反映了企业的盈利质量，指标越高，意味着企业盈利质量越好。

7.6.3 现金流量表中的支付能力及风险分析

如果一家企业的支付能力不强，可能会导致企业银行信用和商业信用下降，同时会影响投资人的信心，表现出发展潜力不足，导致企业经营和财务风险上升。我们可以考虑计算经营活动现金净流量增长率、再投资现金比率、每股经营活动现金净流量、现金股利保障倍数以及现金利息保障倍数等指标，来判断支付能力与风险。具体计算如下：

经营活动现金净流量增长率＝（本期经营活动现金净流量-上期经营活动现金净流量）/上期经营活动现金净流量

再投资现金比率＝经营活动现金净流量/资本性支出

每股经营活动现金净流量＝经营活动现金净流量/普通股股数

现金股利保障倍数＝经营活动现金净流量/现金股利

现金利息保障倍数＝经营活动现金净流量/利息总额

经营活动现金净流量增长率可以反映企业创造现金的能力的可持续性和速度问题，如果该指标保持持续增长，则意味着企业或者商业模式可持续经营能力强，指标值越高，则意味着增长速度越快。再投资现金比反映出企业扩张中有多少资金可以来源于经营活动现金净流量。其指标越高，意味着企业扩张中对外部资金需求越低，则企业潜在的财务风险可控，这也有利于防止企业控制权被稀释，同时也说明了企业发展潜力较大；指标越低，意味着企业扩张需要外部资金补充，则有可能稀释企业控制权，同时也会产生一定的财务风险，面临发展潜力不足的风险。每股经营活动现金净流量反映了投资人的投资收益，指标越高就越能增强投资人信心。现金股利保障倍数和现金利息保障倍数均反映企业的支付能力，指标越高，说明企业支付股利和利息能力越强，有利于增强投资人和债权人信心，也说明企业潜在的财务风险较低。

总之，通过计算现金流量表中的相关指标，分析各类活动产生现金流量的能力与结构，可以判断企业或者商业模式的盈利能力及质量、支付能力及风险以及企业或商业模式的发展潜力，为报表使用人判断企业发展的前景和投资价值提供了有力支持。但是，我们应该看到，我们计算这些指标主要是基于经营活动现金净流量展开的，实务中，有些经营活动的风险或不足也有可能通过投资活动予以弥补。此外，不要认为现金流量表是依据收付实现制基础编制，不会存在会计政策和估计的弹性，相反，正是因为在编制现金流量表过程中需要将权责发生制转换成收付实现制，会计政策和估计的弹性更加隐蔽，我们更需要关注。

8 会计报表附注中的商业故事

如何理解会计报表附注，或者说如何读懂会计报表附注中的商业故事，也是实务中的一个难点。关键是如何分析会计报表附注一直都不是财务会计报告分析的主要内容，没有引起人们足够的重视。本章试图结合实务经验，介绍如何读懂企业财务会计报表中的商业故事，提供一个分析会计报表附注的基本逻辑与思路。

8.1 会计报表附注再认识

依据企业会计准则，会计报表附注就是对企业的财务会计报表的编制基础、编制原理和方法及主要项目等所做的解释和进一步说明，以便报表的使用人全面、正确地理解企业财务会计报表。为什么要编制会计报表附注？第一，它拓展了企业财务信息的内容，打破了三张主要报表内容必须符合会计要素的定义，又必须同时满足相关性和可靠性的限制。第二，它突破了揭示项目必须用货币计量的局限性。第三，它充分满足了企业财务报告是为其使用人提供有助于经济决策的信息的要求，增进了会计信息的可理解性，即进一步满足了决策有用要求。第四，它还能提高会计信息的可比性，比如通过揭示会计政策的变更原因及事后的影响，可以使不同行业或同一行业不同企业的会计信息的差异更具可比性,从而便于进行对比分析。由于企业会计准则只对会计报表附注编组做出原则要求,许多信息的披露取决于报表附注编制者的自身判断,个体的学识与经验的差异,导致对企业会计准则理解的不同,或者存在某种动机,导致会计报表附注披露的信息可能存在不可靠或不相关的地方。所以,需要我们判断会计报表附注披露信息是否反映了企业商业模式的本质,以便能够据此做出有效决策。

依据企业会计准则,会计报表附注至少应该包括以下内容:①不符合会计假设的说明;②重要会计政策和会计估计及其变更情况、变更原因及其对财务状况和经营成果的影响;③或有事项和资产负债表日后事项的说明;④关联方关系及其交易的说明;⑤重要资产转让及其出售说明;⑥企业合并、分立的说明;⑦重大投资、融资活动;⑧会计报表中重要项目的明细资料;⑨会计报表中重要项目的说明有助于理解和分析会计报表需要说明的其他事项。

除此以外,还应该反映企业的相关信息,譬如:①公司治理相关信息。如企业历史沿革、股东简况、股权结构及变化、董事会及董事成员背景简况、高管背景等。②企业所处行业及经营业务简况、注册地信息、法人代表等。③业务模式、技术研发、产品简介等商业模式相关信息等。④各类权证情况。⑤人力资源及员工相关信息,如社保情况等。⑥诉讼及未决诉讼等或有事项等相关信息。⑦其他未尽事宜等。

针对上述会计报表附注内容,我们应该重点关注和理解企业的公司治理相关信息、会计假设、会计政策和会计估计的弹性问题、企业业务模式、会计报表项目的解释与明细、重大事项与重大合同的披露以及权证抵押担保等对商业模式运营的影响,特别是对商业模式本质的改变要引起足够的关注,以便我们能够正确判断商业模式的前景、盈利能力和可持续经营能力。

一般情况下，会计报表附注要求以陈述语气披露企业经营和财务活动的相关信息，如果不是企业经营的相关信息，一般不能以会计报表附注形式披露。在阅读会计报表附注时，我们还应该注意其陈述方式，依据有关要求，会计报表附注不应该有引导性词语出现，像"大约""可能""大概"等疑惑性用词。此外，会计报表附注不能夸大企业未来前景，也不能故意不披露相关风险，或者不披露导致潜在风险的相关信息。总的来说，会计报表附注既要做到信息透明，又要遵循谨慎性原则，不能对财务会计报告使用人进行误导，要客观地、全面地、系统地陈述事实。在这里既要防止会计信息过载，又要防范会计信息披露不足，否则，都会给财务会计报告使用人决策带来较大的影响，导致较大决策风险的发生。某企业会计报表附注相关内容节选如下[①]：

36. 关于媒体的恶意报道：我司知道有个姓王的人在背后操纵，十年前他就利用媒体写文章威胁敲诈并得手。为达目的，他请人写文章攻击我司及公司创始人陈榕生先生。多年来为了能给上市公司发展创造有利的外部环境，公司及陈榕生先生息事、忍让，但始终不能感化这类"小人"。近期他又使出威胁、恐吓、敲诈的手段，网罗一些媒体记者、律师、会计师。他们深知上市公司各项规则和上市公司的软肋，利用媒体攻击上市公司，以达到敲诈勒索上市公司的目的。他们散布断章取义、歪曲事实的文章，使上市公司高管、实际控制人及其他相关人员（包括政府、证券监管机构在内）疲于应对，造成了巨大的社会成本浪费。其结果也直接影响了公司股价的滑坡、暴跌，从而对整个上市公司、全体股东造成了极大的损害。我们知道他躲在暗处，其手段非常阴险、狡猾，是专业敲诈高手，但仍然坚决不予理睬。

---

① 这是一个真实案例，但为了写作方便，隐去企业真实名称。

在当今的文明社会，尤其是在证券市场中有这样一股恶势力，实在是令人灰心、痛心！我们由衷地希望有良知的主流媒体记者、会计师、律师不要被这种人所利用，不要帮助这样的人去歪曲事实，对社会、企业、个人进行破坏性攻击，造成不必要的社会内耗损失！

37. 关于中小股东们：首先感谢长期以来对我司的信任和支持！因市场环境的激烈竞争和变化，上市公司主业进行多次转型。公司由上市之初的水产、冷冻食品行业转型到房地产行业，之后，主业又转移至矿产资源开发行业。在没有贷款、没有增发、没有资金的情况下，公司在大股东的帮助和支援下先后投资了铁矿、稀土矿等矿产资源项目，虽然这些转型因市场急变而不太理想，但上市公司目前的资产及财务状况还是优良的，经营也是稳健的。

有人利用媒体攻击上市公司，造成上市公司股价暴跌，使上市公司市值损失数亿元人民币，居然还打着维权的旗号贼喊捉贼。我们相信广大公司股东是清醒并有觉悟的，知道谁是真正的破坏者！

38. 关于大股东和上市公司：上市公司是由公司前任董事长兼创始人带领其团队经过多年辛勤拼搏创立的，他历经其中的辛酸苦辣，倍加珍惜这来之不易的上市公司！上市公司的战略转型很不易，控股股东一直在扶持上市公司，不可能有私心杂念对上市公司进行图利！

要做好企业，唯有诚信、敬业、守法！6年前创始人因为购买自家股票而被定为"内幕交易"罪，创始人虽然觉得很冤，但也接受了这一现实，放弃上诉，接受这一经验教训并要求上市公司工作人员引以为戒，本分做人、稳健经营。创始人仍然热爱社会、热爱上市公司、热爱生活，感谢身边帮助他的每一位朋友。

我们知道今天得罪这位王姓的"高人"，上市公司仍会继续受到他们的攻击，从而失去一些增发、重组的机会，并为存在这类人操纵着部分媒体攻击上市公司而造成的影响感到痛心。但我们仍然相信社会是进步的，政府是公正的，我们有信心、有毅力去经营好上市公司，让上市公司成为具备一定收入规模、业绩成长良好、重回报、受尊重的上市公司。

为了上市公司能有更好地发展，公司大股东做出以下三条承诺：①将有发展前景、盈利能力的资源类资产（包括参股子公司尚未注入给上市公司的13%股权）无偿赠送给上市公司；②大股东承诺近期增持公司股票；③继续推动上市公司收购兼并重组、促进产业升级与转型。

上例是某上市公司会计报表附注中的36~38段披露事项，这种"骂大街"式的披露显然不符合企业会计准则要求，且披露的内容与企业经营活动事实不是很密切，本质上是对某种事项的回应，也是一种承诺，不应该在会计报表附注出现，应该属于信息过载或者信息不当行为，应该规避这种现象出现。如确需发布，应该以其他形式发布，且语气和措辞也应该予以调整。

8.2　会计报表附注基本情况中的商业故事

会计报表附注中企业基本情况包括：企业历史沿革、股权结构及其变化、企业注册地址、企业组织架构、所处行业及经营范围、产品及业务模式、高管简介、人力资源模式、技术研发以及各类权证情况等相关信息。

从企业基本情况中可以了解企业性质、治理模式与管理模式、行业特征以及其他商业模式主要内容。首先，我们要关注企业的产权是否清晰，资产、业务、人员、机构及财务是否独立，即所谓的"五独立"问题，如果不能做到"五独立"，要了解其商业模式的特征，分析原因以及由此产生的经营风险。除此以外，以下几个关键点必须引起注意：

一是企业股权结构及其变更情况以及其他公司治理信息。二是经营模式及技术研发等相关信息。这两个内容已经在第五章予以介绍，在此就不再赘述。三是高管背景问题。一般情况下，我们介绍某个人的背景资料时，习惯介绍其出生年月、性别、学历、职称、专业特长以及工作经历等相关信息，有个信息需要引起足够重视，即这个人在企业管理岗位上的经验和在行业中的影响力的相关信息。一个人是否具备企业经营管理能力，管理经验与影响力很关键。四是人力资源管理模式问题。能否留住人才、吸引人才、用好人才是一家企业是否具备发展前景的关键因素。在阅读会计报表附注时，我们要注意理解企业人才政策，相对于约束机制，我们需要特别关注企业激励机制。一般情况下，对人才的激励措施应该是立体式的激励模式，即"短期激励+长期激励"模式、"薪酬激励+期权激励"模式、"物质激励+精神激励"模式等相结合。目前，相当一部分企业热衷于股份制改造，搞期权激励等股权激励模式，事实上，并不是所有企业都适合股权激励，如果企业不打算进入资本市场，股权激励效果就不太明显，特别是行权条件如果设计过于严苛，则可能起不到激励作用。所以，会计报表附注需要披露激励政策，我们要据此判断其合理性和科学性，判断其对企业发展产生的影响。五是各类权证问题。这些权证包括：土地证、房产证、专利技术证书、技术许可证、特许经营证书、龙头企业证书、各类资质证书、商标证书等企业经营所必备的证书。这些证书可以提供企业经营的合规性、经营条件以及发展潜力等相关信息。这里要特别关注企业经营的合规性。这主要是因为有许多企业从事经营业务可能需要相关法律、政策许可，或者达到某种资质条件，才能开展经营，不合规经营应该是任何人都不能接受和容忍的。

8.3 会计报表附注会计政策披露中的商业故事

8.3.1 会计政策披露的认知

会计政策是指企业进行会计核算和编制财务会计报表时所采用的具体原则、方法和程序，广义上，还包括会计假设等。依据企业会计准则，对同一经济业务在采用的会计处理方法上存在多种选择，因此，实务中，在处理经济业务时，面临会计政策选择的问题。企业所选择的会计政策，构成企业会计制度的一个重要方面。

一般情况下，企业会计政策包括确认、计量、记录、列报与披露等相关原则、方法与程序。在这些方法与程序中，有些经济业务明确规定不可以进行选择，而有些则可以，并且随着经济业务性质、环境或者会计报表使用人对会计信息要求的改变，会计政策也会发生变化，所以需要对会计政策的变更予以披露，以方便会计报表使用人理解。企业在处理经济业务时，需要对会计政策进行选择，主要涉及下列具体内容：一是综合性会计政策。具体包括合并政策（包括企业合并和合并会计报表）、外币业务（包括外币业务处理及外币报表的折算）、估价政策、租赁、税收、利息、长期工程合同、结账后事项等。二是涉及资产项目。具体有应收款项、存货计价、投资、固定资产计价及折旧、无形资产计价及摊销、递延资产的处理，这里主要存在对余额需要做减值测试或者计提准备涉及会计估计的问题。三是涉及负债项目。包括应付项目、或有事项和承诺事项、退休金等。四是涉及损益项目。包括收入确认、修理和更新支出、财产处理损益、非常损益等。五是其他相关项目。比如研究与开发、衍生金融工具、费用分配方法、成本计算方法等。需要说明的是，以上列示的并非全部，亦非适用于任何企业。企业很可能仅有几项会计政策与以上项目有关，但如果相关的会计政策并非重大，也可以不予揭示。

一般情况下，企业采用的重大会计政策，应当在会计报表附注中集中说明；特殊行业还应当说明该行业特有业务的会计政策。此外，会计政策变更也应揭示。需要注意的是，会计政策的披露，不得用于纠正会计报表本身的错误。实际上，一家企业如果能够在财务情况说明书中披露或者单独披露会计政策，可能是一种更有效的方法，因为它可以更加系统全面地披露会计政策变更对企业和利益相关人带来的影响，能克服会计报表附注相对分散等缺陷，更加便于对会计报表信息的理解和利用。

8.3.2 读懂会计政策变更中的商业故事

如果不是专业人士，有时候可能不能够理解会计政策变更对企业盈利、前景以及潜在的风险带来的影响。我们在第四、第五、第六章中比较全面地介绍了会计确认、会计计量以及计提各项准备对企业盈利和前景等方面的影响，在此就不再赘述。补充介绍一下涉及持续经营的相关问题。

会计最基本的一个假设就是持续经营。因为，所有人都希望自己经营的企业能够成为百年老店，永远经营下去。但是，各种各样原因的存在，导致一些企业不能持续经营或者面临持续经营问题。如果一家企业存在持续经营或者面临持续经营问题，则会给企业投资人等利益相关人带来较大风险。同时，在处理会计事项时很多会计政策需要做出调整，因为这时不能采用权责发生制作为会计核算基础，特别是在企业破产或清算时，需要以收付实现制作为核算基础。即使企业没有破产或清算，但存在持续经营问题时，我们也要考虑采用权责发生制作为核算基础对其产生的影响。由于企业面临可持续经营问题涉及企业多方面，而在日常会计事项处理或披露时又是分散的，所以，我们要从这些分散的信息中理解企业面临持续经营问题。举例如下：

河柳制糖科技股份有限公司（以下简称河柳制糖）是一家从事糖业经营的上市公司。河柳生态农业集团（以下简称河柳生态）是一家从事甘蔗种植、加工企业，是河柳制糖的母公司。2021年4月披露的会计报表反映其2020年度利润总额为1 170万元，会计报表附注中披露了以下事项：

（1）河柳制糖2020年度销售量为1.1万吨，2019年度销售量为2.3万吨，2018年度销售量为3.7万吨。2021年第一季度销售量为0.1万吨。

（2）经河柳生态及河柳制糖董事会决议，把河柳制糖每年按照销售收入的1.2%计提河柳生态管理费用调整为按照销售收入的0.6%计提，该项调整从2017年度开始，并予以追溯调整，由此河柳制糖累计调整管理费用3 100万元。

（3）经河柳制糖2021年度董事会临时会议决议，征得全体高管同意，全体高管放弃2020年度职务津贴和经常性奖励，共计2 400万元。

（4）河柳制糖自2020年3月开始已经聘任了两任总经理，由于个人原因，现任总经理已于2020年10月辞职，目前，公司总经理由副总经理代理，总经理人选尚在遴选之中。

（5）河柳制糖在越南投资的全资子公司的甘蔗种植基地及蔗糖加工厂房，在2020年8月被洪水冲毁了2/3，该子公司总投资额为1.5亿元。

从上述河柳制糖披露事项来看，实际上均涉及公司可持续经营问题，导致可持续经营风险主要的因素有：一是销售量急剧下降，市场在持续萎缩；二是粉饰盈利水平，通过两项业务调整了管理费用5 500万元，所以该公司实际经营估计至少亏损4 330万元；三是关键管理者离职，找不到继任者，说明企业面临重大经营风险；四是重大投资带来巨大损失无法弥补。

一般情况下，判断企业是否存在可持续经营问题可以从三个方面考虑。

首先，财务方面：包括债务违约、无法继续履行重大借款合同中的有关条款、累计经营性亏损数额巨大、过度依赖短期借款筹资、无法获得供应商的正常商业信用、难以获得开发必要新产品或进行必要投资所需资金、资不抵债、营运资金或者经营活动现金净流量持续12月以上出现负数、大股东长期占用巨额资金、重要子公司无法持续经营且未进行处理、存在大量长期未做处理的不良资产、存在因对外巨额担保等或有事项引发的或有负债等。

其次，经营方面：包括关键管理人员离职且无人替代、主要经营的产品不符合国家产业政策、失去主要市场以及特许经营权或主要供应商、人力资源或重要原材料短缺等。此外，越来越多的企业通过并购来快速扩张以达到提高利润的目的，如果管理层的经营管理方式、规模与快速扩张不相适应，或是对并购企业缺乏管理经验，不能实施有效的监控，不做到经营协同或者经营整合，很可能使企业管理陷入瘫痪，从而导致企业持续经营能力存在重大不确定性。

最后，其他方面：包括严重违反有关法律法规或政策，异常原因导致停工或者停产，有关法律法规或政策的变化可能造成重大不利影响，经营期限即将到期且无意继续经营，投资者未履行协议、合同、章程规定的义务，并有可能造成重大不利影响、因自然灾害、战争等不可抗力因素遭受严重损失。此外，企业股东之间产生纠纷、存在股权转让频繁等情形，均意味着企业的经营业绩可能达不到股东的预期，从而导致股东对企业失去信心。在此情况下，企业有可能被清算，也会导致持续经营能力存在重大不确定性。

如果会计报表附注中直接或间接披露，或者利用会计政策粉饰了上述相关内容，我们应该对该企业可持续经营表示疑虑，同时，还要考虑企业是否存在消除我们疑虑的策略和方案，如果可以消除，则意味着该企业可持续经营风险可控，否则，就需要做出相应对策，以控制相关风险。

8.4 主要会计报表项目解释中的商业故事

会计报表列报的项目主要是依据相关账户记录分析填列的，而会计账户在处理经济业务时存在会计政策选择，比较专业。为了做到会计信息通俗化、可理解性，需要对主要列报项目进行解释。从这些解释中可以了解一些商业实质，分析商业活动特征，了解商业模式的本质。那么，会计报表附注中哪些项目解释需要引起足够关注呢？以下简要列举几项日常需要关注的信息。

首先，关于银行存款中的保证金、银行卡等相关信息要关注。特别是银行卡问题，是否存在利用私人银行卡进行公款结算等，要考虑其合规性，这一问题前文已经举例，在此不再举例说明。

其次，关于十大客户与十大供应商的披露问题。很多人不太理解为什么要披露十大客户与十大供应商。实务中，有些企业客户或者供应商可能还不到五家，非常少。那么，客户或者供应商比较少说明什么问题呢？说明企业存在潜在的经营风险。如果一家企业客户或者供应商较少，甚至只有一家企业，那么，可能被判断为对这家或某几家企业形成依赖，一旦这家或这几家企业出现问题，则企业经营就会出问题。所以，披露十大客户或者十大供应商主要判断企业经营风险是否分散，以及销售渠道和供应渠道是否稳定。所以，如果披露的客户或者供应商出现这些情况要关注：一是三年以来十大客户或者十大供应商都不变。如果三年以来，主要客户或者供应商都没有变化，说明企业已经对这些客户或者供应商形成依赖，那么，是否存在风险，会不会发生"敲竹杠"，企业自身议价能力等问题。如果三年以来主要客户或者供应商每年都不同，则又要考虑是否是销售渠道或者供应渠道不稳定等问题。二是某一家或几家客户或供应商占销售额或采购总额比重过大，比如超过5%~10%，则要考虑是否形成依赖。三是主要客户或者供应商是自然人或者个体户。因为自然人或个体户的信用相对比较低，如果企业主要客户或者供应商是自然人或个体户，则有可能因为这些人的信用给企业带来经营风险。如果企业主要客户是自然人，一般情况下，意味着企业市场占有率比较低，因为自然人消费能力非常有限；如果主要供应商是自然人或者个体户则要考虑渠道稳定、可持续以及上游原料质量等问题。

第三，非经营性固定资产披露问题。一般情况下，企业资源配置主要是围绕生产经营而展开的。如果一家企业非经营性固定资产配置过高，一方面会影响到企业产能问题；另一方面会影响企业资源配置效率问题。同时，还要考虑非经营性资产配置过高时，是否存在"短贷长投"的问题，是否会带来财务风险。

第四，其他应收应付款项余额异常问题。其他应收应付款项异常是指会计报表中其他应收应付款项余额超过应收应付款项余额。企业正常经营中商业信用在会计报表中是以应收应付款项反映，而经营以外的信用是以其他应收应付款项反映。一般情况下，企业经营以外的信用应该不多，所以日常中其他应收应付款项余额应该低于应收应付款项，且发生不应该太频繁。如果一家企业其他应收应付款项余额异常，我们需要从其解释中读取相关信息并考虑：①是否存在关联方资金调配；②是否存在董事及关键管理者频繁借款；③是否存在业务人员长期挂账；④是否存在过桥资金；⑤是否存在收入未确认；⑥是否存在借用员工信用贷款或者集资；⑦是否存在巨额公关费用等问题。如果存在这些问题，我们则要判断企业经营行为是否合规，是否存在经营风险和财务风险。

第五，土地证、专利等权证披露及抵押、质押等问题。企业经营风险的一个重要方面就是合规性，以及经营条件是否满足生产经营需要。因此，企业的经营是否符合产业政策，是否取得许可，是否存在经营条件不足等问题，比较关键。这些信息一般都可以从对无形资产的解释中进行分析。此外，企业各类权证取得方式、渠道、所有权属以及是否存在抵押、质押等问题，这些抵押、质押行为对经营和财务行为带来哪些影响，也要关注。特别是专利技术是不是发明专利，是不是自己研发，都比较关键。如果专利是购买取得的，那么，就要考虑对后续发展有何影响以及发展潜力等问题。

第六，债务形成原因、渠道、工具以及是不是即将到期等问题。一般来说，企业债务形成的主要基础是银行信用和商业信用。银行信用往往形成贷款，而商业信用往往形成应付账款或者应付票据等。但是有些企业可能会因为银行信用和商业信用不好，导致需要通过其他方式或渠道获取资金。比如租赁或者利用职工和高管等个人信用。一般来说，租赁筹资成本比较高，要分析原因；而利用职工或者高管个人信用则说明企业面临较大的经营风险和财务风险，需要引起足够重视。此外，如果即将到期需要偿还的债务绝对金额较高的话，可能导致企业现金流紧张，企业应对措施是什么，能否防范风险需要关注。

第七，职工薪酬、社保以及员工持股的相关信息等问题。在上市公司中，有些企业会披露企业最高和最低十位员工薪酬，在海外资本市场上要求必须披露。披露它的目的主要是判断企业激励导向、激励效用以及企业凝聚力。一家企业薪酬不能过低、级差不能过小，否则激励效果不会很好。依据拉克尔法则，一般情况下，企业薪酬总额衡量标准是企业全部增值额的39.395%，在此以上，需要提高劳动效率，在此以下，需要提高薪酬。

目前多数企业都能依法为员工缴纳社保，但也有部分企业没有为员工缴纳社保或者没有缴纳全部社保。有些企业经常披露说将所有社保纳入员工薪酬中直接发放给员工个人，注意这种说法和行为是不符合我国劳动法的，是不允许的。如果一家企业没有为员工缴纳社保，通常会被认为违规，会带来潜在的经营风险。

随着股权激励的流行，员工持股在企业中已经较为普遍，但是员工以何种方式持股，比较关键。员工持股形式有的是期权形式、有的是分红形式、有的是自身股制、有的是定向增发。有些企业员工持股是以员工持股会形式、有的是以持股平台形式、有的是以合伙公司形式。有些企业员工股权有表决权，有些企业则没有。有些企业设计 A、B 股，有些企业则没有区分。有些企业永久股权，而有些企业则是有限股权。不同的员工持股，对企业的公司治理、未来发展产生较大的影响，需要关注其影响。

8.5 重大合同、关联方及关联交易、环评等披露中的商业故事

所谓重大合同一般是指合同金额较大或者性质较为重要。合同金额较大是指合同金额达到企业净资产或者净利润的 5%、总资产或者总收入达到 0.5%~1%[①]；性质重要是指合同的签署将对企业经营活动或者财务活动产生重大影响。具体的重大合同有：①合同标的额达到企业设定标准的交易、建设工程、设计、委托加工合同；②涉及对内外投资、并购、资产置换、合资合作等合同；③涉外合同；④为其他公司提供担保的合同；⑤借

---

① 至于重大合同的金额标准，多数情况下视企业所在行业、经营规模以及从事具体业务等具体情况确定，有时也可以设定一个绝对值，比如 100 万元以上等。

款合同；⑥涉及土地、房屋等不动产产权变动的合同；⑦重大人事合同；⑧合同承办人认为重大的其他合同等。这些合同的签署直接影响企业经营和未来发展，我们需要关注合同履行中权利和义务给企业经营和财务行为带来的影响，是否存在特殊事项，是否存在潜在的风险。

关联方及关联交易对企业的经营产生重大影响。有部分企业利用关联方及关联交易粉饰业绩、转移资金、一致行动等。依据企业会计准则，可以从五个方面判断识别企业关联方：①直接或间接地控制其他企业或受其他企业控制，以及同受某一企业控制的两个或多个企业（比如母公司、子公司、受同一母公司控制的子公司之间）。②合营企业。即按合同规定经济活动由投资双方或若干方共同控制的企业。③联营企业。即投资者对其具有重大影响，但不是投资者的子公司或合营企业的企业。④主要投资者个人、关键管理者或与其关系密切的家庭成员。这里主要投资者个人是指直接或间接地控制一个企业10%或以上表决权资本的个人投资者；关键管理者是指有权力并能够对企业经营政策或财务政策做出决策的人员；关系密切的家庭成员是指在处理与企业的交易时有可能影响某人或受其影响的家庭成员。⑤受主要投资者个人、关键管理人员或与其关系密切的家庭成员直接控制的其他企业。这里的难点在于对关系密切的家庭成员进行认定的问题。

朗山鞋业科技股份有限公司（以下简称朗山鞋业）是一家从事制鞋的企业。鸡岭鞋业集团公司（以下简称鸡岭鞋业）是一家从事制鞋的上市公司。朗山鞋业投资人（持股80%）刘虎成是鸡岭鞋业投资人（持股57%）王和生的亲舅舅，且刘虎成持有鸡岭鞋业1%的股权。朗山鞋业和鸡岭鞋业双方在各自会计报表附中都没有确认关联方并予以披露，理由是刘虎成和王和生不是家庭成员关系，不需要认定关联方。

这里刘虎成与王和生虽然是舅甥关系，但是可以视同是关系密切的家庭成员关系，且刘虎成还是重要股东，所以，应该认定关联方并予以披露。

除了要披露关联方关系外，在企业与关联方发生交易的情况下，还需要披露关联方交易，企业应当在会计报表附注中披露关联方关系的性质、交易类型及其交易要素。这些要素一般包括：交易的金额或相应比例、未结算项目的金额或相应比例、定价政策（包括没有金额或只有象征性金额的交易）。通过这些披露可以判断这些交易是否公允，是否存在利益输送或者粉饰业绩等现象，是否给企业带来风险。

在生态文明建设背景下，任何企业经营行为都必须服从生态文明建设。所以，一般情况下，企业需要披露其环评的基本情况，通过披露，报告使用人可以判断其经营行为及范围是否符合环评要求，进而判断其经营合规性。

会计报表附注其他相关信息解释已经在对资产负债表、利润表及现金流量表分析时予以了介绍，在此不再重复。读者可以结合第四、第五、第六、第七章的相关内容去理解会计报表附注中信息所反映的商业模式本质。

9 理解注册会计师的审计意见

一般情况下，企业年度财务报表都需要经过注册会计师审计之后才能对外披露。注册会计师的审计主要是对财务会计报表信息进行鉴证，并出具审计报告，发表审计意见。由于注册会计师发表的审计意见比较专业，许多非专业人士对其内在含义理解不是很深刻，有时甚至会出现误解，所以，有必要简要介绍一下如何读懂注册会计师的审计意见，这将有利于加深对企业财务会计报表信息的理解与判断。

9.1 注册会计师的审计意见再认识

首先，需要强调的是注册会计师的审计意见不是对企业年度财务会计报表的真实性、可靠性以及相关性做出保证。我们在阅读企业财务会计报表和注册会计师审计报告时一定要知道不能以企业的会计责任取代注册会计师的审计责任，同样，也不能以注册会计师的审计责任取代企业的会计责任。

所谓注册会计师的审计意见是注册会计师在完成审计工作后，对于鉴证对象是否符合鉴证标准而发表的意见。对于年度财务报表审计而言，则是对企业年度财务报表是否已按照适用的企业会计准则编制，以及财务报表是否在所有重大方面公允地反映了被审计单位的财务状况、经营成果和现金流量情况。依据《中国注册会计师审计准则——审计报告》，注册会计师年度财务报表审计意见有四类：无保留意见、保留意见、否定意见和无法表示意见。此外，如果还需要对一些事项予以强调说明的话，还可以在审计报告意见段之后加解释说明段或者强调段。

一般情况下，注册会计师发表审计意见主要考虑：①企业年度财务会计报表是否按照适用的会计准则和相关会计制度的规定编制；②企业年度财务报表是否做出公允反映了企业财务状况、经营成果和现金流量情况；③企业年度财务会计报表是否存在重大错报或漏报；④注册会计师在审计过程中是否受到限制；⑤企业是否存在应调整而未调整事项，或应调整而未调整的错报或漏报。

当企业的年度财务会计报表已经按照适用的会计准则和相关会计制度的规定编制，在所有重大方面公允反映了被审计单位的财务状况、经营成果和现金流量；且注册会计师已经按照中国注册会计师审计准则的规定计划和实施审计工作，在审计过程中未受到限制；企业也不存在应调整而未调整事项时，注册会计师应该发表无保留审计意见，即所谓的肯定意见。

当企业的年度财务会计报表已经按照适用的会计准则和相关会计制度的规定编制，在某些局部的重大方面不能公允反映被审计单位的财务状况、经营成果和现金流量，但还没有影响财务会计报表整体；或者注册会计师按照中国注册会计师审计准则的规定计划和实施审计工作时某些范围受到限制；或者存在错报或漏报；或者企业存在某些应调整而未调整事项，但未影响到财务会计报表整体时，注册会计师应该发表保留意见。注册会计师发表保留意见时，应该在审计报告中以说明段形式将影响注册会计师发表审计意见的事实予以说明。

当企业的年度财务会计报表没有按照适用的会计准则和相关会计制度

的规定编制；或者存在在重大方面不能公允反映被审计单位的财务状况、经营成果和现金流量，影响到财务会计报表整体；或者存在重大错报或漏报；或者企业存在重大应调整而未调整事项，已经影响财务会计报表整体时，注册会计师应该发表否定意见。注册会计师发表否定意见时，应该是已经获取充分的证据证明企业存在上述事实。注册会计师发表否定意见时，应该在审计报告中以说明段形式将影响注册会计师发表审计意见的事实予以说明。

当注册会计师按照中国注册会计师审计准则的规定计划和实施审计工作时，审计工作受到限制，不能获取充分审计证据支持发表审计意见时，注册会计师应该发表无法表示意见。注册会计师发表无法表示意见时，应该在审计报告中以说明段形式将影响注册会计师发表审计意见的事实予以说明。

在审计中，如果注册会计师发现企业存在会计政策变更和会计估计调整、重大合同、关联方交易、重大担保和抵押、重大投融资行为、并购与重组、重大人事安排以及影响企业可持续经营等相关事项，这些事项虽然已经按照企业会计准则或者相关会计制度在企业财务会计报表中列报或者披露，但注册会计师认为如果不予以强调，有可能影响财务会计报表使用者的判断，注册会计师应在审计报告中的审计意见段之后加上一个强调说明段予以说明，以提醒财务会计报表使用者注意。

基于上述情况，财务会计报表使用者应该特别关注注册会计师审计报告中说明段披露的事实对决策判断带来的影响。

9.2 审计报告说明段中的商业故事

依据《中国注册会计师审计准则——审计报告》的规定，注册会计师的审计报告应当包括下列要素：①标题；②收件人；③引言段；④管理层对财务报表的责任段；⑤注册会计师的责任段；⑥审计意见段；⑦注册会计师的签名和盖章；⑧会计师事务所的名称、地址及盖章；⑨报告日期。如果注册会计师发表了非标准审计报告，则需要在审计报告中加入说明段，说明导致发表非标准意见的事项或事实，作为形成非标准意见的基础。注册会计师发表保留意见的审计报告的说明段可参见以下事例：

事例一：上市公司稷山机械制造股份有限公司2020年度审计报告中，注册会计师有以下说明：

一、保留意见

除了"形成保留意见基础"所述事项以外，我们认为，稷山机械制造股份有限公司财务报表已经按照企业会计准则和相关会计政策的规定编制，在所有重大方面公允反映了稷山机械制造股份有限公司2020年12月31日的财务状况以及2020年度的经营成果和现金流量。

二、形成保留意见的基础

在审计中，我们发现贵公司在中东地区投资了一家全资子公司，投资总额为800万元，占贵公司总资产的0.6%，由于存在疫情等相关原因，我们在审计中不能外勤赴就地审计，且也未能执行替代程序获取该项投资的相关证据。

事例一中注册会计师审计范围受到限制，但不影响整体财务会计报表，所以发表了保留意见。类似这种情况还有：应收账款无法函证，且不能执行替代审计程序；存货不能实施监盘程序，且不能执行替代程序等。

事例二：上市公司南州科技股份有限公司2020年度审计报告中，注册会计师有以下说明：

一、保留意见

除了"形成保留意见的基础"所述中事项以外，我们认为，南州科技股份有限公司财务报表已经按照企业会计准则和相关会计政策的规定编制，在所有重大方面公允反映了南州科技股份有限公司2020年12月31日的财务状况以及2020年度的经营成果和现金流量。

二、形成保留意见的基础

在审计中，我们发现贵公司依据2020年2月10日借款合同约定的贷款利息430万元计入了在建工程，而该合同显示该项贷款为流动资金贷款，应该计入当期财务费用，对此，我们提出了调整意见，而贵公司未进行调整。该项费用占贵公司净利润6%。

事例二中，是被审计单位发生了应调整而未调整事项，注册会计师出具了保留意见报告。有些调整事项实际上可能是错报或漏报，有些调整事项则不一定是错报或漏报，可能是会计政策选择所导致的，有的可能是会计确认问题，有的可能是会计计量问题，也有可能是会计列报问题。但不管是什么原因，注册会计师提出了调整意见，就意味着企业对这类事项的处理不符合企业会计准则或者会计政策或制度规定，不能公允地反映企业财务状况、经营成果和现金流量情况，此类问题应该引起足够关注。

注册会计师否定意见审计报告的说明段举例如下[①]：

[①] 参见巨潮网和上海证券交易所披露的相关信息。

审计报告

中审亚太审字（2020）020666 号

上海富控互动娱乐股份有限公司全体股东：

一、否定意见

我们审计了上海富控互动娱乐股份有限公司（以下简称"富控互动"）的财务报表，包括 2019 年 12 月 31 日的合并及公司资产负债表，2019 年度的合并及公司利润表、合并及公司现金流量表、合并及公司股东权益变动表以及相关财务报表附注。

我们认为，由于"形成否定意见的基础"部分所述事项的重要性，后附的财务报表没有在所有重大方面按照企业会计准则的规定编制，未能公允反映富控互动 2019 年 12 月 31 日的合并及公司财务状况以及 2019 年度的合并及公司经营成果和合并及公司现金流量。

二、形成否定意见的基础

1. 预计负债、应付利息的转回事项

如财务报表附注七.50 预计负债、附注七.68 投资收益和十四.2（1）未决诉讼仲裁及其他事项形成的或有负债及其财务影响所述，富控互动本年度冲回预计负债 18.86 亿元，冲回应付利息 11.06 亿元，确认投资收益 29.92 亿元。其中冲回对上海中技桩业股份有限公司担保确认的预计负债 12.85 亿元，冲回富控互动作为共同债务人确认的预计负债 6.01 亿元，冲回表内金融机构借款利息及罚息 11.06 亿元。

①冲回对上海中技桩业股份有限公司担保确认的预计负债 12.85 亿元。

本报告期末，富控互动《上海富控互动娱乐股份有限公司管理层对公司 2019 年年度重要事项账务处理的说明》：公司目前共涉及的合规担保中，除青岛城乡建设融资租赁有限公司及华融金融租赁股份有限公司外，其他金融机构已确定会债权转基金份额，且针对债转基金份额的主要条款，各方已达成一致。同时，某有限合伙企业已出具相关兜底函，承诺：将按照公司要求，就该类案件中公司所负截至2019年12月31日的债务本金、利息、罚息、违约金、诉讼费、律师费等承担兜底责任，某有限合伙企业承担兜底责任后，不可撤销地、永久性地免除并放弃对公司以诉讼、仲裁或其他方式提出任何权利主张或其他类似行为（包括但不限于自愿放弃向公司追偿的权利等），也不会将任何已免除或放弃的诉讼主张及其他权利转让给任何自然人或组织。公司无须就某有限合伙企业直接清偿的公司相关债务或向公司支付的款项履行任何还款义务，承担任何赔偿、补偿责任、任何损失或承担任何成本和费用。综上，公司管理层认为：针对合规担保计提的预计负债，除青岛城乡建设融资租赁有限公司及华融金融租赁股份有限公司外，其他案件已达到冲回的条件，公司2019年财务报表将截至2019年12月31日计提的预计负债12.85亿元予以冲回。

我们未取得相关债权人与该有限合伙企业就债转基金份额达成一致意见的相关资料，与企业沟通时，企业表示公司和债权人出于商业保密的需要，无法向会计师及公众进行公开披露主要条款；我们访谈了上述全部债权人，获悉富控互动向部分债权人沟通了债转基金份额方案，但最终并未与债权人达成确定的和解方案。富控互动与某有限合伙企业签订的债务兜底协议为2020年签署，我们对该有限合伙企业承担兜底义务的实际能力及该协议的商业合理性存在重大疑虑。我们认为，富控互动对上述事项产生的预计负债的冲回不符合会计准则的相关规定，该错报对财务报表的影响重大且具有广泛性。

②冲回富控互动作为共同债务人确认的预计负债6.01亿元。

本报告期末，富控互动《上海富控互动娱乐股份有限公司管理层对公司2019年年度重要事项账务处理的说明》：目前，公司已签订及拟签订债权买断的共计 13 家，其中 2 家已支付买断价款，合同已经生效，某有限合伙收购债权后，将放弃向富控互动追索。针对剩余未生效及拟签订买断协议的相关事项，某有限合伙已出具相关兜底函，承诺：将按照公司要求，就该类案件中公司所负截至 2019 年 12 月 31 日的债务本金、利息、罚息、违约金、诉讼费、律师费等承担兜底责任，某有限合伙承担兜底责任后，不可撤销地、永久性地免除并放弃对公司以诉讼、仲裁或其他方式提出任何权利主张或其他类似行为（包括但不限于自愿放弃向公司追偿的权利等），也不会将任何已免除或放弃的诉讼主张及其他权利转让给任何自然人或组织。公司无须就某有限合伙直接清偿的公司相关债务或向公司支付的款项履行任何还款义务，承担任何赔偿、补偿责任、任何损失或承担任何成本和费用。综上，公司管理层认为：公司无须承担该类案件中的还款责任。据此，公司 2019 年财务报表将该类案件截至 2019 年 12 月 31 日累计计提的预计负债 6.53 亿元予以冲回。

我们认为，除"2 家已支付买断价款合同已经生效"事项外，富控互动根据未生效及拟签订买断协议对预计负债冲回 6.01 亿元，不符合会计准则的相关规定；富控互动与某有限合伙企业签订的债务兜底协议为 2020 年签署，我们对该合伙企业承担兜底义务的实际能力及该协议的商业合理性存在重大疑虑。该错报对财务报表的影响重大且具有广泛性。

③冲回表内金融机构借款利息及罚息 11.06 亿元。

本报告期末，富控互动《上海富控互动娱乐股份有限公司管理层对公司 2019 年年度重要事项账务处理的说明》：针对表内借款利息及罚息，相关案件债权人已确定将债权转基金份额或进行和解，且针对债转基金份额及和解的主要条款，各方已达成一致。同时，某有限合伙企业也已向上市公司出具相关兜底函，承诺：将按照公司要求，就该类案件中公司所负截至 2019 年 12 月 31 日的债务利息、罚息、违约金、诉讼费、律师费等承担兜底责任，某有限合伙承担兜底责任后，不可撤销地、永久性地免除并放弃对公司以诉讼、仲裁或其他方式提出任何权利主张或其他类似行为（包括但不限于自愿放弃向公司追偿的权利等），也不会将任何已免除或放弃的诉讼主张及其他权利转让给任何自然人或组织。公司无须就某有限合伙直接清偿的公司相关债务或向公司支付的款项履行任何还款义务，承担任何赔偿、补偿责任、任何损失或承担任何成本和费用。根据《企业会计准则第 22 号——金融工具确认和计量》相关规定：金融负债（或其一部分）的现时义务已经解除的，企业应当终止确认该金融负债（或该部分金融负债）。公司管理层认为：针对表内借款利息及罚息，已达到解除条件，2019 年财务报表将截至 2019 年 12 月 31 日计提的应付利息约 11.06 亿元予以冲回。

我们未取得与相关债权人与某有限合伙企业就债转基金份额达成一致意见的相关资料，与富控互动沟通时，富控互动表示公司相关人员自 2019 年起多次与相关债权方沟通过利息及罚息的减免方案，且多家机构同意豁免部分本金及利息罚息，且针对和解的主要条款已达成一致或单方面同意豁免利息罚息，只是暂时未签订最终和解协议；我们访谈了部分债权人，获悉截至访谈日富控互动与部分债权人沟通了债转基金份额方案，但最终并未与债权人达成确定的和解方案。富控互动与某有限合伙企业签订的债务兜底协议为 2020 年签署，我们对该有限合伙企业承担兜底义务的实际能力及该协议的商业合理性存在重大疑虑。我们认为，富控互动冲回表内金融机构借款利息及罚息 11.06 亿元，不符合相关会计准则的规定，该错报对财务报表的影响重大且具有广泛性。

富控互动于 2020 年 8 月 23 日向我们出具了《关于转回预计负债及冲回应付利息不予披露的说明》：截至 2019 年 12 月 31 日，针对表内借款及合规担保事项，部分债权人已确定债权转某合伙企业基金份额或进行和解，且针对债权转某合伙企业基金份额及和解的主要条款，各方已达成一致，并取得相关材料，针对表外或有借款事项，部分债权人或债权申报方已与公司签订相关协议，但鉴于公司和债权人暂处于商业保密阶段，应债权人要求，无法向公众公开披露具体细节及内容，故要求年报审计会计师在2019年年度审计报告正文及非标意见专项报告中不予详细披露。

2. 与持续经营能力相关的重大事项

如财务报表附注四.2持续经营所述，富控互动以持续经营假设为编制基础。考虑审计报告"二、形成否定意见的基础"所述"富控互动本年度冲回预计负债18.86亿元，冲回应付利息11.06亿元，确认投资收益29.92亿元"之错报对财务报表的重大影响后，富控互动归属于母公司的所有者权益为-22.41亿元，资产负债率为145.42%；同时，由于诉讼事项，富控互动包括基本户在内的多个银行账户被冻结，所持子公司股权、多处房产被冻结，金额共计44.75亿元，已对生产经营活动产生重大影响；此外，富控互动占收入来源99%以上的重要子公司上海宏投网络科技有限公司及其子公司Jagex Limited被强制抵债或被出售。富控互动已不具备持续经营能力。

3. 其他预计负债冲回11.19亿元及1.06亿元

如财务报表附注七.50预计负债、附注七.74营业外收入和十四.2（1）未决诉讼仲裁及其他事项形成的或有负债及其财务影响所述，富控互动本年度以部分债权人资金来源不合法为由冲回预计负债，金额共计11.19亿元；以部分债权人涉嫌套路贷为由冲回预计负债1.06亿元。

由于案件复杂且审计受到限制，我们无法对相关债权人、司法鉴定机构及办案机关相关人员进行访谈及函证，无法获取充分、适当的审计证据以确定上述冲回预计负债是否需要调整。

富控互动于2020年8月23日向我们出具了《关于转回预计负债及冲

回应付利息不予披露的说明》：截至 2019 年 12 月 31 日，针对表内借款及合规担保事项，部分债权人已确定债权转某合伙企业基金份额或进行和解，且针对债权转某合伙企业基金份额及和解的主要条款，各方已达成一致意见，并取得相关材料，针对表外或有借款事项，部分债权人或债权申报方已与公司签订相关协议，但鉴于公司和债权人暂处于商业保密阶段，应债权人要求，无法向公众公开披露具体细节及内容，故要求年报审计会计师在 2019 年年度审计报告正文及非标意见专项报告中不予详细披露。

4. 债权转让 12.18 亿元，冲回以前年度已计提坏账准备 5.62 亿元

如财务报表附注七.8 其他应收款所述，富控互动将 2018 年支付的采购款、往来款，以及银行存款质押被划所形成的其他应收款，金额共计 12.18 亿元，通过富控互动内部公司之间债权转让协议，以账面原值转让给宏投网络，并冲回以前年度已计提的坏账准备 5.62 亿元。

我们对于内部债权交易的商业实质及交易价格的公允性、某有限合伙企业承担兜底义务的实际能力及该协议的商业合理性存在重大疑虑，我们通过访谈及实地查看债务人经营地，发现债务人的还款能力很差，对于公司以上会计处理，无法获取充分、适当的审计证据以确定是否需要调整。

5. 宏投网络等重要子公司审计受限

（1）因宏投网络被司法裁定抵债，其法人营业执照及预留印鉴已变更，导致"已开立银行账户结算清单"、期后各家银行对账单明细、银行询证函、往来询证函、管理层声明书、企业声明书、关联方及关联方交易声明书等需加盖公章、相关负责人签字等审计程序无法执行。同时因此原因，导致富控互动未提供宏投网络财务资料。

（2）富控互动境外重要组成部分 Jagex Limited 位于英国剑桥，其营业收入占富控互动营业收入总额的 99% 以上。受新冠病毒感染疫情影响，至审计报告日尚无法开展现场审计工作，执行必要的审计程序，具体包括：

IT 测试、穿行测试、盘点、实地观察以及现场访谈等重要审计程序。

（3）富控互动子公司宏投网络（香港）有限公司 2019 年 6 月购入长江创投基金（CHANGJIANGCAPITAL FUND）长江证券资本基金 1 000 万英镑（9 827.42 万港币，折合人民币约 8 759.90 万元），由星展银行有限公司香港分行星展银行托管为管理人、长江资产管理（香港）有限公司为投资经理。基金用于投资高怡贸易有限公司 6 个月期无抵押票据。截至宏投网络（香港）有限公司股权变更日 2020 年 4 月 30 日，投资本金仅赎回 100 万美元（折合人民币约 778.78 万元），占投资本金的 7.91%。标的票据按照 6 个月计算已到期的情况下，大部分投资本金尚未收回。因宏投网络（香港）有限公司股东已变更，最新资金收回情况尚不知悉。我们已对长江证券两次发函，均未收到回函确认。富控互动主营业务为游戏开发及应用公司，在资金压力较大的情况下购买基金产品，我们无法判断富控互动进行该笔投资的商业合理性及可收回性。

上述审计范围受限公司资产总额 37.81 亿元，占汇总总资产的 36.66%；收入总额 9.56 亿元，占收入总额的 99% 以上。受上述受限事项的影响，我们未获取充分适当的审计证据以确定它们对财务报表的影响。

6. 转让 Jagex Limited 100% 股权和宏投网络（香港）公司 100% 股权事项

如财务报表附注七.11、七.42 持有待售资产/持有待售负债所述，富控互动在转让 Jagex Limited，涉及与买方 Platinum Fortune, LP 公司的补充协议（三、四、五），我们未能取得协议原件，相关协议及协议内容的真实性无法确定。

7. 大额顾问费

如财务报表附注七.64 管理费用所述，富控互动与立德专业服务有限公司签订《财务顾问服务协议》、补充协议、补充协议一、补充协议二存在乙方负责人落款签名不一致，服务费未直接支付给立德专业服务有限公司的情况，鉴于协议签字及资金支付存在的问题无法核实，我们无法对该事项进行确认。

2019 年年度报告

项目	本期发生额/元	上期发生额/元
职工薪酬	147 943 728.77	74 304 739.03
办公费	13 908 237.35	10 645 245.18
中介服务费	176 641 380.88	20 642 108.78
业务招待费	9 795 343.45	3 214 229.00
汽车费用	731 174.07	568 010.23

8. 表外担保

富控互动子公司宏投网络于 2019 年 4 月收到催款通知，共涉及担保权人 4 家，主张的担保权金额共计 36.81 亿元，宏投网络未予确认。我们审计范围受到限制，无法确定上述表外担保是否需要调整财务报表。

9. 百搭股权投资问题

如会计报表附注十四.2（2）所述，2018 年 1 月，富控互动支付百搭网络 51% 股权收购款 100 000 万元，尚欠 36 680 万元。后因富控互动尾款未支付，出现双方互相诉讼之情况，富控互动于 2018 年度对该投资计提减值准备 97 244.79 万元。据富控互动书面确认，该事项正在经公安机关侦查，至审计报告日尚无结论。2018 年 9 月富控互动临 2018-093 公告披露，10 亿元收购款中 9 亿元已由沈乐借给颜静刚指定的公司。

2019 年 12 月 31 日，富控互动对于该项投资以公允价值 36 680 万元记入其他权益工具投资科目，未支付尾款 36 680 万元记入其他应付款科目。我们对该交易的商业实质，以及相关资产负债列报的科目的适当性、金额的准确性尚无法确定。

10. 宏投网络超额分配股利事项

富控互动子公司宏投网络历年未计提法定盈余公积，导致对富控互动累计超额分配现金股利 1.11 亿元。

11. 证监会立案检查事项

富控互动于 2018 年 1 月 17 日收到中国证券监督管理委员会《调查通知书》（稽查总队调查通字 180263 号），于 2020 年 6 月 24 日收到中国证券监督管理委员会（以下简称"证监会"）《行政处罚及市场禁入事先告知书》（处罚字〔2020〕49 号）。截至审计报告签发日，中国证监会对富控互动相关行为涉嫌违法违规的调查尚未结案。

我们按照中国注册会计师审计准则的规定执行了审计工作。审计报告的"注册会计师对合并财务报表审计的责任"部分进一步阐述了我们在这些准则下的责任。按照中国注册会计师职业道德守则，我们独立于富控互动，并履行了职业道德方面的其他责任。我们相信，我们获取的审计证据是充分、适当的，为发表否定意见提供了基础。

从上述事例来看，注册会计师认为说明段中富控互动涉及事项属于明显违反会计准则及相关信息披露规范规定的情形。而涉嫌违反会计准则事项对公司股票是否被暂停上市有重大影响，因此，注册会计师发表了否定意见，以对财务会计报表使用者做出重要警示，提示风险的存在领域，以便财务会计报表使用者能够做出正确的判断和决策。

注册会计师发表无法表示意见说明段举例如下[①]：

（一）无法表示意见

我们接受委托，审计了易见股份的财务报表，包括 2020 年 12 月 31 日的合并及母公司资产负债表，2020 年度的合并及母公司利润表、合并及母公司现金流量表、合并及母公司股东权益变动表，以及财务报表附注。

---

① 参见证券日报网 http://www.zqrb.cn/.

我们不对后附的易见股份财务报表发表审计意见。由于"形成无法表示意见的基础"部分所述事项的重要性，天圆全无法获取充分、适当的审计证据以作为对财务报表发表审计意见的基础。

（二）形成无法表示意见的基础

1. 与持续经营能力相关的重大不确定性

易见股份报出的 2020 年年度财务报告中净利润为－12 086 516 372.53 元，经营活动产生的现金流量净额为－583 747 932.09 元。截至 2020 年 12 月 31 日，易见股份流动负债 12 656 844 627.84 元，流动资产 9 180 439 796.28 元，归属于母公司股东权益－3 557 850 437.75 元，处于资不抵债状态，截至审计报告日未见有重大改善。这些情况表明易见股份持续经营能力可能存在重大不确定性。如财务报表附注"二、财务报表编制基础之（二）"所述，虽然公司披露了拟采取的改善措施，但我们无法判断该等措施的有效性，以及基于持续经营假设编制的 2020 年年度财务报表是否适当。

2. 中国证监会立案调查

易见股份于 2021 年 5 月 14 日收到《中国证券监督管理委员会调查通知书》（编号：中证调查字 2021030002 号），因公司涉嫌信息披露违法违规，中国证券监督管理委员会决定对公司进行立案调查。截至本审计报告出具日，公司尚未收到中国证券监督管理委员会就上述立案调查事项的结论性意见或决定，天圆全无法预计立案调查的结果以及其对公司财务报表可能产生的影响。

3. 审计范围受限

天圆全会计师事务所注意到以下迹象：

（1）部分会计科目回函比例较低。

截至审计报告日，天圆全发出的函证中其他流动资产（主要为应收保理款）发函金额为 141.36 亿元，回函金额为 73.08 亿元，回函率为 51.70%，回函比率较低，天圆全也不能通过执行适当替代程序以获取充分、适当的审计证据。

（2）部分审计程序无法执行。

为进一步确认公司保理业务的商业实质及相关资产质量，天圆全抽取了部分保理业务的核心企业拟进行现场访谈和函证确认。至审计截止日，天圆全抽取的样本均无法执行该项程序，也未能通过执行替代程序获取充分、适当的审计证据。

（3）如附注九、8所述，云南九天投资控股集团有限公司于2021年6月20日向易见股份出具函件确认，截至2021年6月30日，通过易见股份的4家客户对易见股份及其子公司构成共计42.53亿元资金占用，并承诺还款及提供担保，天圆全无法执行有效的审计程序，以获取充分适当的审计证据证明上述陈述是否真实、准确、完整。

以上迹象表明，天圆全在2020年度易见股份审计工作中的审计范围受到了限制，天圆全无法判断上述限制影响的程度，无法判断上述事项对公司财务报告的真实性、准确性和完整性的影响。

4. 保理业务商业实质及预期信用减值损失

报告期内公司应收保理款项出现大范围逾期。截至2020年12月31日，已逾期的供应链保理本金为3 043 627 632.29元；至审计报告日，逾期的供应链保理本金为4 046 175 700.05元，逾期的房地产保理本金为5 836 712 849.20元。

截至2020年12月31日，易见股份供应链保理账面余额为4 120 182 570.53元，计提坏账准备2 985 452 331.14元；房地产保理账面余额为5 836 712 849.20元，易见股份对2020年新增的应收房地产保理款5 336 712 849.20元全额计提了坏账准备。

天圆全无法获取充分、适当的审计证据，以合理判断上述应收保理款的商业实质以及收回可能性，无法判断易见股份计提的预期信用减值损失是否充分、合理，无法判断是否存在关联方资金占用。

5. 供应链业务商业实质及预期信用减值损失

易见股份 2020 年度在对外支付供应链业务款项时部分业务未经适当审批。截至 2020 年 12 月 31 日，预付账款余额为 4 553 152 484.27 元，易见股份计提了坏账准备 3 424 156 599.93 元。

天圆全无法获取充分、适当的审计证据，以判断该部分往来款项的商业实质及收回可能性，无法判断易见股份计提坏账准备是否充分、合理，无法判断是否存在关联方资金占用。

6. 长期股权投资减值准备

截至 2020 年 12 月 31 日，易见股份对联营企业云南君宜智能物流有限公司的长期股权投资余额为 322 951 654.79 元，公司在附注七、2（2）重要联营企业的主要财务信息中披露，联营企业云南君宜智能物流有限公司期末归属于母公司股东权益为 1 614 758 273.99 元，当期净利润 9 978 321.66 元。公司获取云南君宜智能物流有限公司经审计的 2020 年年度报告后，对该项长期股权投资计提资产减值准备 273 788 245.37 元。天圆全未对该联营企业进行审计，无法获取充分、适当的审计证据，以合理判断易见股份对联营企业的财务信息数据披露是否真实、准确以及长期股权投资减值准备计提的合理性。

上例中，天圆全会计师事务所对易见股份 6 个方面的问题不能获取充分审计证据做出合理判断，导致发表了无法表示意见，同时，也意味着易见股份在这 6 个方面可能存在潜在风险，需要提醒广大报表使用者注意。

一般情况下，注册会计师在审计过程中发现被审计单位存在影响持续经营假设或者导致被审计单位持续经营不确定事项，而被审计单位已经做出了充分披露，注册会计师往往会出具带强调事项的审计报告，具体情况举例如下。

事例一：

我们提醒财务报表使用者关注，如财务报表附注三（二）及财务报表附注十四（三）所述，商业城2018年度、2019年度及2020年度已连续三年亏损，亏损金额（归属母公司）分别为12 766.46万元、10 613.86万元和14 914.16万元；2018年度、2019年度及2020年度已连续三年现金及现金等价物净增加额为负数，分别为-1 068.70万元、-4 957.82万元和-696.70万元；2018年度、2019年度及2020年度已连续三年营运资金为负数，分别为-133 973.60万元、-138 871.05万元和-146 171.27万元；截至2020年12月31日归属母公司所有者权益为-23 362.50万元。商业城已在财务报表附注十四（三）中披露了拟采取的改善措施，但可能导致对持续经营能力产生重大疑虑的事项或情况仍然存在重大不确定性。本段内容不影响已发表的审计意见。

事例二：

我们提醒财务报表使用者关注，如财务报表附注十二（二）2所述，精功集团有限公司持有会稽山公司164 000 000股股份（占公司总股本的32.97%，占其所持公司股份的100%）已被司法冻结和轮候冻结。精功集团有限公司已向绍兴市柯桥区人民法院申请依法进入重整程序，截至审计报告日重整程序尚未完成，未来结果存在重大不确定性。本段内容不影响已发表的审计意见。

事例三：

截至2020年12月31日，浙江广厦公司对外担保对应的融资余额为318 096.64万元，其中逾期担保对应的融资余额为44 226.64万元。截至本报告出具日，浙江广厦公司对外担保融资余额为265 312.14万元，其中逾期担保对应的融资余额为36 272.14万元。对外担保金额重大，且部分担保事项涉诉，我们提醒财务报表使用者关注，如财务报表附注十（四）所述，根据2020年9月东阳市金融控股集团有限公司（以下简称东阳金控公司）与广厦控股集团有限公司（以下简称广厦控股公司）签订的《关于广厦集团纾困帮扶的备忘录》，"东阳金控公司拟通过收购广厦控股公司持有的资产等方式向广厦控股公司提供纾困资金，纾困资金优先用于解决浙江广厦公司的对外担保债务以及广厦控股公司和浙江广厦公司合作子公司的清算"。本段内容不影响已发表的审计意见。

上述三个实例中，注册会计师因为被审计单位存在持续亏损、未决诉讼、对外担保等重大事项，对被审计单位持续经营表示怀疑，所以出具了带强调事项的审计报告，实质上是一种预警，我们对此应特别关注。

10 财务指标中的商业故事

前面我们主要从财务会计报表披露的会计信息中理解企业商业故事，并力求从这些商业故事中理解企业商业模式的特征与本质。但仅从这些方面不足以推理企业商业模式的内在逻辑，我们还需要结合财务指标分析企业商业模式的本质特征。

10.1 财务指标分析的再认识

一般地，财务分析是搜集与决策有关的各种财务信息，并加以分析和解释的一种技术。它是一个判断过程，是通过对企业过去和现在经营状况与成果进行评价，以判断企业未来的发展前景，并对企业未来经营状况和成果做出预测。目前，财务分析的方法与分析工具比较多，一般情况下，依据分析者的需要和目的，可以采用不同的分析方法和工具。在日常实务中，财务分析主要还是围绕财务指标进行单指标、多指标综合分析，其主要标准可以参照行业指标数据、经验数据以及企业自身的预算或者经营目标等，主要分析方法可以采用比率分析、趋势分析、结构分析、因素分析等。

既然财务分析主要是围绕财务指标展开分析，那么，通过财务指标分析要解决哪些问题呢？一般来说，通过财务指标分析主要解决以下问题：

第一，企业盈利能力有多强。关键是通过哪些指标进行衡量测算。从目前的理论和实务经验来看，衡量企业盈利能力的指标主要有：净资产收益率、销售利润率、投入资本收益率、经营费用率等。

一般地，净资产收益率＝净利润/净资产；销售利润率＝净利润（利润总额）/销售收入；投入资本收益率＝息税前利润/投入资本，如果要考虑税收影响，也可以息税前利润（1－所得税税率）/投入资本。这里投入资本＝（现金+营运资本需求量+固定资产净值），或者投入资本＝（附息债务金额+权益资本）。其中，营运资本需求量＝应收款+存货－应付款；经营费用率＝经营费用/销售收入。

第二，企业流动性如何或者支付能力怎么样？通常，我们可以采用流动比率、速动比率、现金偿债倍数、经营活动现金净流量等指标进行衡量。这里，现金偿债倍数＝现金/到期需要偿还的债务。

第三，企业面临的风险有多大。一般情况下，企业面临的风险主要包括经营风险和财务风险。通常企业风险可以通过杠杆效应来判断、衡量。除此以外，资产负债率、产权比率等指标也可以衡量企业风险。

一般地，经营杠杆是指由于固定成本的存在而导致息税前利润变动大于产销业务量变动的杠杆效应，反映企业经营风险，用经营杠杆系数计量。经营杠杆系数＝息税前利润变动率/产销业务量变动率，或者，基期边际贡献/基期息税前利润、基期边际贡献/（边际贡献－基期固定成本）。经营杠杆系数越高，说明企业经营风险越高。财务杠杆是指由于利息的存在而导致普通股每股利润变动大于息税前利润变动的杠杆效应。反映企业财务风险，用财务杠杆系数衡量。财务杠杆系数＝普通股每股利润变动率/息税前利润变动率，或者，基期息税前利润/（基期息税前利润－基期利息）。财务杠杆系数越高意味着企业财务风险越大。复合杠杆，也称为混合杠杆，是指由于固定生产经营成本和固定财务费用的存在而导致的普通股每股利润变动大于产销业务量变动的杠杆效应。反映企业总体风险，用混合杠杆系数衡量。混合杠杆系数=普通股每股利润变动率/产销业务量变动率，或者，混合杠杆系数=经营杠杆系数×财务杠杆系数。混合杠杆系数越大，说明企业总体风险越高。

第四，企业资产使用效率如何，或者说周转有多快？一般可采用应收账款周转率、存货周转率、流动资产周转率、固定资产周转率以及总资产周转率等指标衡量企业资产使用效率。

第五，企业在资本市场上财务盈利或者市场表现如何，应该如何定价？在资本市场上，企业盈利一般可以采用每股收益、每股股利、每股净资产、市盈率、市净率等指标衡量。企业市值估值可以采用两种模型进行估值，即企业市值=净利润总额×市盈率，或者，企业市值=净资产总额×市净率。企业每股定价也可以采用：每股价格=每股收益×市盈率，或者，每股价格=每股净资产×市净率。

第六，企业是否创造价值。企业是否创造价值一般采用经济增加值（EVA）或者市场增加值（MVA）进行衡量。经济增加值=税后营业净利润-资本总成本，或者，经济增加值=税后营业净利润-资本×资本成本率。市场增加值=公司市值-累计资本投入，或者，市场增加值=公司市值-公司账面资本值。

第七，企业的增长能力有多强，有多快？一般情况下，企业增长能力也称为企业成长性，通常可以采用销售收入增长率、资产增长率、净利润增长率、净资产增长率等指标进行衡量。

针对上述问题，教科书上通常概括为企业偿债能力分析、营运能力分析、盈利能力分析、现金流量分析及其他能力分析。具体指标体系如图10-1所示。

```
财务分析体系
├─ 偿债能力分析
│   ├─ 短期偿债能力分析 ─ 流动比率、速动比率等
│   └─ 长期偿债能力分析 ─ 资产负债率、产权比率等
├─ 营运能力分析
│   ├─ 流动性分析 ─ 应收账款周转率、存货周转率等
│   └─ 长期资产营运状况分析 ─ 资产周转率、固定资产周转率等
├─ 盈利能力分析
│   ├─ 毛利率分析
│   ├─ 销售利润率分析
│   └─ 成本利润率分析
├─ 现金流量分析
│   ├─ 经营活动现金流量分析
│   ├─ 投资活动现金流量分析
│   └─ 筹资活动现金流量分析
└─ 其他能力分析
    ├─ 预算控制能力分析
    ├─ 企业发展能力分析 ─ 销售增长率、利润增长率等
    └─ 社会责任实现情况分析 ─ 上缴利税率、资本积累率等
```

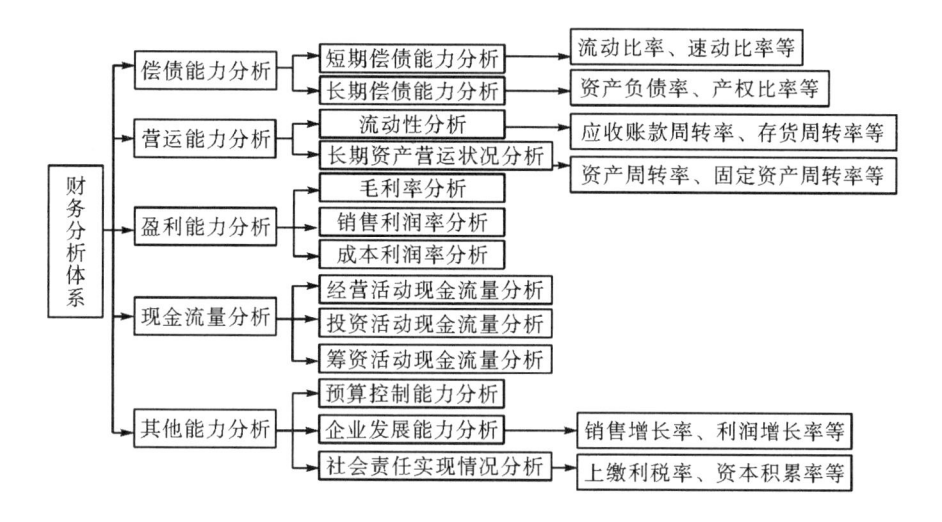

图 10-1　财务指标体系

10.2　理解财务指标中的商业故事

10.2.1　财务指标分析的起源与发展

依据学者研究，一般认为现代财务分析指标起源于 19 世纪末至 20 世纪初的美国，是美国工业兴起与发展的产物[①]。在美国工业兴起之前，银行信贷对象主要以个人为主，但 1883—1884 年经济危机给个人信用带来沉重的打击，由于个人信用有限，特别是个人流动性比较强，对其信用也不太好考察与评价，同时，基于个人信用所获得的贷款不能满足工业企业日益扩张的需要，因此，基于企业信用的银行业务逐步兴旺起来，同时也出现一个问题，即如何评价企业信用。同样，19 世纪末的经济危机给企业造成巨大打击，导致银行债务违约情况比较普遍，企业信用相关信息比较缺

---

① 冯龙飞. 财务报表分析的起源与发展 [J]. 财会研究，2014（8）：47-50.

乏，由此，在 19 世纪 80 年代前后，美国一些银行提出企业申请贷款需要提供资产负债表。1898 年 2 月，美国纽约州银行协会的经理委员会提出议案："要求所有的借款人必须提交由借款人签字的资产负债报表，以衡量企业的信用和偿债能力。"1900 年，美国纽约州银行协会发布了申请贷款应提交的标准表格，其中就包括资产负债表。此后，银行开始根据企业资产和负债的数量对比来判断企业信用状况，以便能够判断企业对借款的偿还能力和还款保障程度。如何依据资产负债表对企业信用进行准确评价是当时信贷面临的主要问题。在此背景下，银行协会提出了计算相关比率（如流动比率、速动比率等）的一系列比率分析指标作为判断的依据。1923 年，詹姆斯·布利斯（James Bliss）在其《管理中的财务和经营比率》一书中首次提出并构建了行业平均的标准比率，由此使用标准比率进行横向财务比较成为可能，同时拓展了财务指标分析应用领域。1924 年，吉尔曼（Gilman）在其《财务报表分析》一书中，提出趋势分析法在财务分析中运用，进一步提升了财务指标分析经济的价值。此后随着证券市场和资本市场日益活跃和成熟，财务指标分析开始在资本市场预测中广泛地运用，主要目标是对企业价值进行预测。同时，由于经济危机周期性爆发，为防止投资失败，人们总希望能够做到对企业财务危机进行预警，因此财务指标分析应用进一步拓展。此后随着管理会计的兴起，财务指标分析也开始在企业内部经营管理中广泛运用。

随着人们对财务指标分析期望的增加，财务指标分析存在较大的缺陷也暴露得越来越明显。譬如，如何依据财务会计报表项目的勾稽关系，科学、合理地构建指标分析体系，以便能够更加准确地反映企业商业本质。如何衡量各项指标，其标准值又是多少呢？这一直都是会计学者和财务学者百年来苦苦追寻探索的问题。尽管现在教科书中普遍强调流动比率标准值是 2，速动比率标准值是 1，资产负债率在 40% 以下比较安全等。大家想过这些标准值是如何测算出来的吗？事实上，在20世纪初，人们认为流动比率标准值应该是2.5比较合适。目前，流行的财务指标标准值多数是以美国20世纪40—60年代的制造业为背景分析统计出来的。在此背景下统计出来的标准值对现今的企业是否还有参考价值，特别是对基于国内商业环境下的企业是否还有参考意义，值得思考与探索。现今已是21世纪20年代，新行业、新业态及新模式不断涌现，如何利用财务指标分析企业商业模式本质将面临越来越大的挑战。所以，需要对一些财务指标真正的经济含义进行重新解读分析，以便能够准确理解现今企业商业模式。

10.2.2 偿债能力（信用状况）指标中的商业故事

在当前的理论与实务中，用来衡量企业偿债能力的指标主要包括：流动比率、速动比率、资产负债率、现金债务率、已获利息倍数以及经营活动现金净流量负债比等指标。依据当前教科书中提供的经验，流动比率大于2，速动比率大于1，资产负债率一般强调低于40%，现金债务比越大越好，经营活动现金净流量债务比越大越好，已获利息倍数越高越好。在这种情况下，企业偿债能力被判断为比较强。

实务中，流动比率大于2，速动比率大于1，则有可能是企业应收款项和存货增长速度快于企业应付款项和银行贷款的增长速度，且应收款项和存货余额金额大于应付款项和银行贷款余额。这类情况则有可能是企业的流动性下降，银行信用和商业信用变差的表现，而不是企业偿债能力增强的表现。反过来，如果一家企业流动比率小于2，速动比率小于1，也不一定是企业偿债能力下降的表现，有可能是由于企业的应收款项和存货周转速度加快，企业银行信用和商业信用变好导致的结果。比如，虎达材料股份有限公司2018—2020年度相关指标见表10-1。

表 10-1　虎达材料股份有限公司财务指标趋势

财务指标名称	2020 年度	2019 年度	2018 年度
流动比率	1.4	2.1	3.1
速动比率	0.7	1.3	1.8
应收账款周转率/次	13	7	2
存货周转率/次	14	8	3

从表 10-1 可以看出，虎达材料股份有限公司 2020 年度的偿债能力实际比 2018 年度要好，为什么呢？该公司 2018 年度的流动比率和速动比率虽然比传统经验值要高，但其应收账款和存货周转速度比较慢，说明企业经营状况不太好，变现速度慢，而此时企业的应收账款和存货余额相对比较高，这时企业的银行信用和商业信用比较薄弱，因此负债率相对比较低。因为其流动性并不好，所以企业偿债能力并不强。相反，2020 年度，虽然虎达材料股份有限公司流动比率和速动比率低于传统经验值，但由于企业经营状况的改善，应收账款和存货周转速度大幅度提升，企业流动性也得到了改善，而此时的偿债能力反而是增强了。

同样道理，企业资产负债率低于 40% 是否就说明企业偿债能力强呢？也不一定。为什么呢？企业资产负债率低于 40% 有可能是企业银行信用和商业信用差造成的。企业信用差，负债相对稳定，而此时的企业经营状况可能变坏，应收账款和存货在增加，使得资产在增加，因此资产负债率较低。还有可能是因为企业信用差，根本就贷不了款形成的负债低，这也会使得资产负债率低于 40%。因此，不能简单地以资产负债率低于 40% 就判断企业偿债能力强。同理，如果已获利息倍数过大，也有可能是因为企业信用低，不能形成负债导致的。因此已获利息倍数并不是越大越说明企业偿债能力强，应该是在一定值域范围内才可能，但这个值域范围是多少，到目前为止没有定论。

因此，偿债能力指标很难确定一个标准值，如果确需一个参考值，还应该参考行业平均值和中位值以及企业历史最高和最低值，加以判断。实际上，判断一家企业偿债能力强弱，不能简单看这几个指标值，一般应该考虑的因素包括：一是企业所处行业状况，商业模式是否符合国家产业政策；二是企业流动性，是否存在现金运营平台或者资本运营平台，现金链是否存在断裂风险；三是企业公司治理机制是否健全；四是企业资产质量与利用效率；五是是否能够获得担保机构支持；六是是否具备发展前景，是否面临可持续经营问题等。除此以外，我们还应防止和识别企业粉饰企业偿债能力指标行为。比如虚构销售业绩，增加应收账款；不及时结转销售成本或者改变计量方法，调整期末存货余额；利用并购增加资产或者扩张投资增加资产等行为。

10.2.3 营运能力指标中的商业故事

企业营运能力反映了企业对其所控制的资源配置和管理（通常称运营或营运）等能力。营运能力分析是对企业经营状况和经营潜力的分析，也是对企业资产营运效率的分析。企业的营运能力反映了企业运营状况，实际上就是企业总资产及其各个组成部分的营运能力。一般采用各项资产在企业生产经营中的周转速度或使用状况来反映资金使用效率，所以，企业营运能力通常采用各项资产周转速度的相关指标衡量。一个企业营运能力强，说明企业在商业模式创意、公司治理、产品质量或者产品受消费者欢迎程度等方面表现比较好。一般来说，资产周转速度越快，说明企业资产使用效率越高，企业营运能力越强；反之，则企业营运能力越差。通常衡量企业营运能力的指标有应收账款周转率、存货周转率、营业周期、营运资金、流动资产周转率、固定资产周转率及总资产周转率等。

应收账款周转率反映了企业应收账款变现速度的快慢及管理效率的高

低。该比率越高，说明企业收账迅速，账龄较短，资产流动性强，变现能力强，短期偿债能力强，同时也可以说明企业收账费用和坏账损失较低，从而相对增加企业流动资产的投资收益，所以企业对应收账款的管理水平越高；反之，则相反。过高或过低的应收账款周转率在某种程度上反映企业管理应收账款的水平和态度。

应收账款周转率也是用于考察企业信用管理能力的指标，应收账款周转率的高低与企业的信用政策有关。在分析应收账款周转率时，不仅要参考行业平均值，也要参考企业的信用政策。如果与行业平均值偏离过多，则应考虑企业的信用政策是否合理，或是否还有其他原因。应收账款的回收直接影响企业现金的回收和短期债务的清偿，必须给予重视。

由于许多银行等金融机构一般会采用应收账款周转率指标衡量企业变现能力和资金周转状况，实务中有部分企业会对该指标予以粉饰，我们对此应该注意识别。特别是当应收账款周转率明显高于同行业企业或者市场平均水平时，我们应该保持应有的谨慎判断，以免导致决策风险。

存货周转率是反映存货周转速度的指标，该指标越高，说明存货周转速度越快，存货管理水平越高，企业生产销售能力越强；反之，则相反。但是，如果该比率过高或过低，表明企业在存货管理上或多或少都存在问题。通常，存货周转率上升，周转速度上升，则说明企业效率提高。但如果存货周转率绝对地高，周转天数趋向 0，这未必是好的现象，因为这可能是存货的"短缺"所引起的。此时生产跟销售发生脱节，这样带来的损失可能会比较大。所以应该是在不发生存货"短缺"的前提下，尽量把周转率提高。一个企业应当维持多高的存货周转率，需要结合该企业所在行业的情况以及企业自身实际情况分析，不可一概而论。

此外，存货周转速度的快慢，不仅反映出企业采购、储存、生产、销售各环节管理工作状况的好坏，而且对企业的偿债能力及获利能力也产生了决定性的影响。所以，存货周转率也会用作衡量企业信用水平及能力指标。实务中，有些企业会利用存货期末计量、减值准备测试、审计监盘以及成本核算等会计弹性对其进行粉饰，比如"超大农业""獐子岛"等上市公司相关案例，我们需要足够重视。

一般情况下，应收账款周转天数加上存货周转天数就等于企业营业周期，有时我们也会扣除应付账款周转天数。营业周期越短意味着企业变现能力越强，流动性好，短期偿债能力强。结合企业每天资金需要量，我们还可以估算出企业日常流动资金需要量，即企业日常流动资金需要量＝营业周期×每天资金需要量。由此可以为企业日常资金是否充足提供参考。营运资本已经在前文中进行了分析，在此不再赘述。

流动资产周转率是反映企业流动资产周转速度的指标。该指标越高，说明流动资产周转速度越快，资金利用效果越好，经营管理水平越高；反之，则相反。在一定时期内，流动资产周转次数越多，表明以相同的流动资产完成的周转额越多，流动资产利用效果越好。

固定资产周转率是指一定时期内企业销售收入净额与固定资产平均净值的比率。它反映了企业固定资产的周转速度，是用来衡量企业固定资产利用效率的指标。当固定资产周转率处于较低水平时，反映固定资产利用不够，需要分析固定资产没有被充分利用的原因。通常在计划新的固定资产投资时，企业决策者需要分析现有固定资产是否已经被充分利用。固定资产周转率越高，表明企业固定资产利用越充分，也能表明企业固定资产投资得当，固定资产结构合理，能够充分发挥效率。如果公司的固定资产周转率远高于行业或市场平均值，则可能是企业产能不足的信号，企业应当根据实际情况做出调整。

需要注意的是，利用固定资产周转率进行分析时，应当考虑不同企业计算固定资产净值的差异。如果企业使用的折旧方法存在差异，或固定资产使用时间不一致,即使是两个规模相当的同行业企业,其固定资产周转率的计算结果也会有较大的差异。因此,分析固定资产周转率需要结合企业自身情况来考虑,没有统一标准或经验数据。

10.2.4 盈利能力指标中的商业故事

盈利能力是指企业正常经营赚取利润的能力,是企业生存、发展的基础,也是企业投资人、债权人、经营管理者做出各类决策和控制风险的重要依据,所以它受到投资者、债权人、企业管理当局等企业利益相关人的广泛关注。企业获利能力是企业商业模式创意、公司治理机制、技术领先性、企业流动性、企业内部管理水平以及企业信用状况等方面的综合反映。企业一系列经营活动的综合结果,形成了获利能力,前面介绍的各种财务比率给出了企业经营过程的信息,它们最终将反映到企业的获利能力上。

盈利能力的一般分析主要是从企业经营层面,通过对产出、耗费和占用资金与利润之间比率的关系分析,来研究和评价企业获利能力。通常使用的指标有销售毛利率、销售净利率、资产净利率、各项销售费用率和各项成本费用利润率等。一般情况下,各种利润率指标应该是越高越好,各种费用率指标应该是越低越好,相关影响因素我们已经在利润表分析介绍,在此不再赘述。

由于企业外部环境对企业盈利能力也产生较大的影响,为了判断企业盈利能力的可持续性,我们还需要从外部环境视角分析企业盈利能力质量与可持续性,通常会分析国家和地方的产业政策、环保措施、劳动力市场、自然资源禀赋、交通便利等因素对企业盈利能力的可持续性影响。但在教科书中,一般还是从企业内部分析企业是否尽到社会责任,比如社会贡献等,为此,还是需要计算一些财务指标进行衡量,比如社会贡献率、社会积累率和资本保值增值率等。

社会贡献率是指企业社会贡献总额与总资产平均余额的比值。它反映了企业占用社会经济资源所产生的社会经济效益的大小，也反映企业为社会所做的贡献大小。企业社会贡献总额包括：工资（含奖金、津贴等工资性收入）、劳保退休统筹及其他社会福利支出、利息支出净额，应缴或已缴的各项税款、附加及福利等。社会积累率是企业上缴各项财政收入与企业社会贡献总额的比值。社会积累率是企业上缴各项财政收入与企业社会贡献总额的比值。资本保值增值率是指一定时期内企业期末股东权益总额与期初股东权益总额之比。它反映了经过一段时期经营后，是否能够保本，是否能够增值，这不但是每一投资人所关心的，而且还可以反映企业资源利用是否有效，从侧面反映企业对社会所做贡献的大小。这三个指标实际上是从宏观层面统计企业社会责任履行情况。在目前的"双碳"背景下，我们还应考虑企业碳排放对企业盈利能力可持续性的影响，所以，现在开始探索企业每一百元产值消耗碳资源的计量测算问题，比如计算百元产值碳排放比等指标，以衡量企业在经营过程过程中对环境的影响，由于碳排放当量如何计量目前还存在一些争议，尚未形成定论，所以如何通过碳排放分析企业盈利能力和质量的指标目前仍在研究之中。

盈利能力除了用来分析企业投资人收益和风险、偿债能力、可持续经营能力等以外，在资本市场上，通常还用来对企业进行估值和定价。基本模型如下：

企业价值＝每期净利润×市盈率或者股票价格＝每股净利润×市盈率

该模型认为企业价值取决于企业盈利水平和投资人对企业的信心。因为投资人决策的重要参考依据就是被投资方是否能够盈利，而投资人对未来预期以及资本市场活跃度影响，也是企业估值的重要影响因素。企业盈利水平用净利润衡量，投资人对未来预期的信心或者市场活跃度用市盈率衡量。

如果投资人对未来充满信心，或者对投资的项目充满信心，则愿意对每获取一元钱的收益支付多倍的价格，所以，企业价值就可表现为投资人对获取收益支付的价格倍数，这个倍数就是市盈率。因为有些企业净资产（包括各类技术等无形资产）质量高，未来前景非常好，所以，投资人也愿意按照每一元钱的净资产支付多倍价格，这里倍数就是市净率。需要说明的是：由于任何估值都是面向未来的，而未来有多种不确定因素，估值也是对风险的一种判断，所以，市盈率或者市净率也是投资人对未来风险的一种估计。基于如此，市盈率或者市净率是一种估计值，需要投资人依据经验和资本市场的活跃程度以及行业数据进行估计。如果用数学公式描述则是普通股每股市价与每股收益的比率。其计算公式为

$$市盈率 = \frac{每股市价}{每股收益}$$

需要注意的是，市盈率或者市净率是估值前提，一般先估计市盈率或市净率，再估计企业价值或股票价格，所以，市盈率或市净率数学计算公式仅是一种事后参考。一般地，市盈率或市净率越高，表明市场对企业未来越看好；市盈率或市净率越低，表明市场对企业前景信心不足。但是，过高的市盈率或市净率，可能是过度投机行为所致。

一般情况下，利用市盈率对企业进行估值时，以下几个方面需要引起足够重视：一是运用市盈率的基础面对活跃的资本市场，且市盈率不能用于不同行业公司间的比价。市盈率或市净率指标可比性差，一般成熟行业市盈率或市净率较低，而新兴行业市盈率或市净率较高。二是在每股收益很小或亏损时，市价不会降至零，很高的市盈率或市净率可能是过度投机导致。三是市盈率受净利润的影响，而净利润受会计政策的影响，从而使市盈率受到人为地操纵，所以应注意会计利润粉饰对市盈率的影响。四是市盈率或市净率受资本市场变化的影响，而影响资本市场变化的因素很多，包括投机操作等，所以观察市盈率或市净率的长期趋势很重要。五是市盈率或市净率过高或过低，投资风险都会加大。

10.3 财务指标综合分析中的商业故事

财务综合分析就是将商业前景分析、信用状况分析、营运状况分析、经营成果分析和现金流量分析等诸方面纳入一个有机的整体中，全面地对企业的经营状况、财务状况进行解剖与分析。通过财务综合分析可以提供较为全面、系统的财务信息，为企业管理及企业外部利益关系人决策服务。进行财务综合分析时要求做到：指标要素齐全适当、主辅指标功能匹配以及满足多方信息需要等。

据统计，在企业财务分析中可用指标达50余个，实务中有时根据需要，依据财务会计报表项目之间的联系，还可以增设分析指标。那么，在这些指标中，哪些指标是运用最广泛的，其真正的商业含义又是什么呢？在前文中我们已经介绍财务分析指标主要应用在信贷分析、风险分析及估值分析等方面。依据经验，在信贷分析中，一般银行主要参考指标包括：流动比率、应收账款周转率、存货周转率、销售净利率、销售利润率、债务权益比率、现金流量/本期到期的长期债务比、固定费用偿还率、利息保障倍数、财务杠杆系数和经营杠杆系数等。这些指标主要反映了一家企业或者商业模式的流动性、盈利性、支付能力以及风险性。同时也说明了在信贷业务中银行对企业的关注点。这些指标有时候会在商业银行贷款协议中体现。

除此之外，在企业内部业绩考核中，许多企业对事业部或者子公司、联营公司、合营公司的业绩考核指标包括：每股收益、税后权益收益率、销售净利润率、销售利润率、税后总投入资本收益率、税后资产收益率、股利支付率、流动比率、应收账款周转率、存货周转率、债务权益比率等。这些指标主要反映企业盈利能力、变现能力以及投资收益水平。这也说明企业主要目标就是追求价值最大化,而投资人永远都关心企业是否盈利,并且一般都要求注册会计师在审计时对此特别关注,也要求企业在披露财务会计报告信息时披露这些指标的相关信息。

从上述情况来看,实务中,无论是企业债权人还是投资人,对企业的盈利能力、变现能力(支付能力)、风险性等比较关心。所以,一个商业模式的好坏与此有较大关系。通过这些指标来判断一家企业经营状况的思想还体现在杜邦分析体系中,具体如图10-2所示。

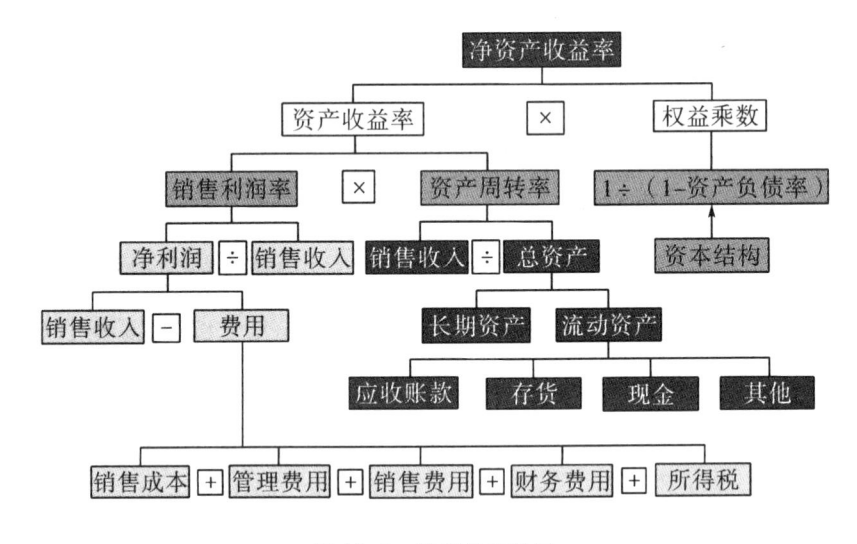

图10-2 杜邦分析体系

从图10-2中我们可以看出,投资人比较关心所投资项目的收益水平,一般用净资产收益率衡量,而影响企业净资产收益率水平因素主要考虑三个方面,即企业盈利能力,用销售利润率衡量;资金使用效率,用资产周转率衡量;企业信用能力(风险水平),用权益乘数衡量。所以,一个好项目,要么是盈利水平高,要么是资金使用效率高,或者两者兼而有之。在此情况下,企业信用水平越高,投资人收益越高。相反,如果一家企业盈利水平不好,或者资金使用效率不高,或者两者兼而有之。此时,企业信用水平越高，意味着企业风险越高，投资收益下降越快。所以，扩大销售，控制资产规模和费用支出，适度利用信用杠杆是搞好企业经营的永恒法则。

11 读懂财务会计报告中商业故事的关键因素

前面我们从商业模式的概念、判断标准视角，系统地介绍了如何从财务会计报告中读懂企业商业故事。但是囿于作者的学识和经验，不能介绍得更加全面和细致，只能谈一谈粗浅体会，不足之处请广大读者指正。下面总结一下读懂一份财务会计报告中商业故事的关键因素。

第一，我们要充分理解会计信息披露的真正动机与目的。在经济学中，交易的核心就是搞对价格，由于信息不对称的客观存在以及价格面向未来的属性，我们总是不能准确地对交易进行估值和定价，风险也总是客观存在的。保护企业利益相关人的利益，控制风险，信息的透明性以及质量高低就成为关键因素。因此，会计信息披露越透明，信息质量越高，越有利于估值和定价，越有利于企业利益相关人进行判断与决策，越有利于保护企业利益相关人的利益，同时也有利于实现企业自身价值最大化。

第二，我们要充分理解财务会计报告的可靠性与相关性。一般情况下，企业会计准则等相关的法律法规要求企业财务会计报告的信息必须做到真实、客观、全面、系统、及时以及可理解。但是，由于会计政策的选择性、会计估计以及会计技术和方法局限性的存在，现实中很难做到绝对真实、客观、全面、系统、及时以及可理解，只能做到相对真实、客观、全面、系统、及时以及可理解。实际上，会计信息可靠性和相关性可以理解为，企业利益相关人依据会计信息进行判断和决策时不会出现重大失误或者重大错误，那么这时的会计信息就是可靠的、相关的。

第三，牢固树立财务会计报告披露信息是具有弹性的观念。所谓财务会计报告信息弹性是指会计人员在进行财务会计报告编制时，需要对会计确认、计量、列报和披露的相关政策以及会计估计做出选择，因此财务会计报告披露的信息并不能百分之百地反映企业商业活动真实情况，存在一定的偏差，但这个偏差对财务会计报告使用人的判断或者决策不会产生重大影响。我们一定要知道所有财务会计报告都是会计人员基于会计方法与技术的局限性以及自身的判断，在对会计政策和会计估计做出选择的基础上编制出来的，具有一定的主观性和局限性。所以，一定程度的财务会计信息弹性应该是可以接受的，那么这个"一定程度"则是指重要程度，只要会计信息披露不会导致财务会计报告使用人做出重大错误判断与决策，那么，这个弹性程度就可以接受，否则就不可容忍，必须纠正与处罚。在华尔街有个说法：企业的财务会计报告都是会计工程师进行了"美容"或"整容"后出来的。这说明，企业财务会计报告的弹性是客观存在的，但是如果真是对会计信息进行了"美容"或者"整容"，这在法律上和实务中都是不可容忍的，两百年来的金融发展史，实际上就是会计法律和法规、会计准则和制度的发展史。抑制和减少会计信息弹性对财务会计报告使用人的影响是对每个会计人员职业素养的基本要求。

第四，识别导致财务会计报告信息弹性化的表现。企业财务会计报告之所以存在信息弹性化，既有其客观原因，还存在主观动机。客观原因在前文已经述及，而主观动机主要是为了粉饰财务会计报告，引导财务会计报告使用人的判断与决策。这里动机主要包括：一是筹资的动机。包括贷款的需求、股票上市的需求、吸引基金投资等其他投资。二是避税的动机。主要是合理避税，少纳税款。三是争取政策的动机，包括产业政策、政府资金扶持、项目支持等。四是并购重组的动机。五是帝国的构建动机。许多企业管理者总存在建立商业帝国的欲望，希望能够通过投资、并购等手段建立商业帝国，因此，有粉饰财务会计报告的动机。在这些动机中，核心问题是要让人相信企业具有较强的盈利能力和盈利水平，企业价值创造潜力巨大，盈利质量高，以便于在资本市场上获得较高估值，或者在产品市场、劳动力市场等领域中获得较好的声誉。基于此，企业会对涉及的资产、利润及现金流量等指标和金额予以粉饰，因而会出现弹性化现象。具体采用的弹性化手段包括：一是改变收入确认方式；二是改变费用确认与计量方式；三是改变各类准备计提和减值测试的方式、方法；四是改变存货等资产计量方法或模式；五是改变费用资本化条件；六是改变固定资产、无形资产确认与计量方式、方法；七是利用投资、分拆、合并、并购、重组等资本运作手段，包装财务会计报告；八是利用关联方及关联方交易；九是利用资产评估进行重新估值；十是重新构建一项交易或业务，以粉饰企业业绩、资产以及现金流等。

当一家企业出现企业扩张速度过快、企业反常压缩酌量性支出、企业频繁变更会计政策和会计估计、应收账款质量下降、存货质量下降、应付账款（商业信用）质量下降、不能正常支付到期利息或者偿还到期债务、无形资产或研发支出不正常增加、企业业绩过度依赖非营业项目、企业计提各项准备过低、期间费用异常、企业举债过度、过度依赖补贴收入、存在非标准意见或者不干净的审计报告、存在高利润而不进行现金分配等现象时，我们应该考虑这家企业是否存在对财务会计报告过度弹性化的现象，其盈利能力或者盈利水平是否存在恶化，并对其未来发展前景要做出判断，以避免风险。

第五，读懂财务会计报告中资产结构、利润结构以及现金流量结构对盈利质量的影响。在前文中我们已经提到有什么样的商业模式，就会有什么样的资产结构，也就会有什么样的利润结构和现金流量结构。企业盈利质量直接影响企业竞争能力和发展水平。资产、利润以及现金流量结构与盈利质量关系见图 11-1[①]。

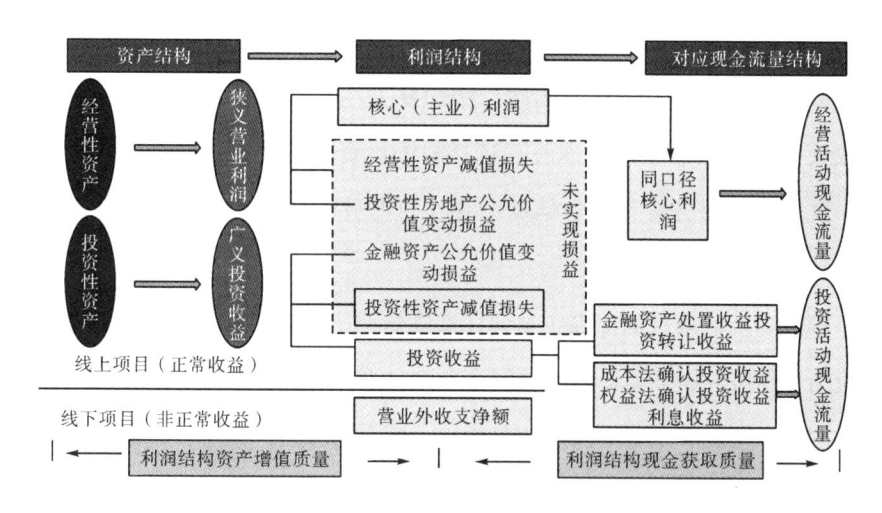

图 11-1　资产、利润及现金流量结构与盈利质量关系

图 11-1 反映了企业盈利的本质。一般来说，利润是企业在经营过程中通过对资产的使用、持有或者转让而取得的经营成果，并在此过程中产生现金流转，形成现金流量。因此，利润结构、现金流量结构与资产结构应该有内在的对应关系。一般情况下，不同的资产配置，会形成不同的商业模式，会产生不同的产品、服务等业务类型，也就形成不同的利润与现金流量结构。因此，优化资源配置，开展多元化经营是许多企业提升盈利能力与水平的必然选择。

一般情况下，企业资产可以分为经营性资产和投资性资产。经营性资产在企业日常经营过程中产生经营利润，也就是核心利润，并形成经营活动现金净流量。投资性资产又可以细分为控股型投资性资产和其他投资性

---

① 张新民，钱爱民. 财务报表分析 [M]. 3 版. 北京：中国人民大学出版社，2014.

资产。控股型投资性资产通过投资子公司形成投资收益，产生利润和现金流量。其他投资性资产通过交易性金融投资等形式形成投资收益，并形成利润和现金流量。如果一家企业核心利润占比高，则说明企业的经营前景较好，风险较低。相反，如果一家企业核心利润占比低，甚至亏损情况下，企业利润主要依靠投资性资产取得，我们则要考虑是否存在投资风险，以及经营是否具有可持续性。特别要关注在此过程中是否存在利用会计政策（比如权益法或成本法）选择粉饰投资收益或者包装利润现象。

既然企业财务会计报告信息会存在这些弹性现象，那么，如何防止财务会计报告信息弹性化呢？

第一，从政策层面加强企业会计准则研究，及时修订企业会计准则，以适应当今经济发展需要。动态调整企业会计准则指南，编制经典业务会计处理案例，以便能够及时对实际业务指导，减少财务会计信息弹性空间。

第二，加强监管与检查，规范资本市场会计信息披露行为，完善资本市场会计信息披露机制，加大对财务会计信息弹性化带来严重后果的处罚力度，加大会计信息粉饰成本，促使企业不想粉饰、不敢粉饰、不能粉饰财务会计信息，营造良好的财务会计信息披露环境。

第三，加强会计从业人员培训，提升会计从业人员专业素养与道德素养。提升会计从业人员判断能力及会计处理技术水平，以适应当今复杂的经济业务需要。改革会计学科教学模式，重构当前会计学科课程体系及人才培养模式，吸收当今数字技术、智能技术成果，促进会计信息处理现代化、数字化与智能化。

第四，提升财务会计报告使用人的专业素养，读懂看懂财务会计报告信息是关键。财务会计报告使用人应该保持应有的谨慎，树立风险意识，科学、合理运用财务会计信息进行决策。

12 综合案例：麓山通信技术股份有限公司商业前景分析[①]

为了使广大读者能够进一步理解前文所述的理论与实务，在此列举一家企业在 IPO 时的财务会计报告及相关资料，请大家结合前文所给出的分析逻辑，并做出投资决策。

12.1 麓山通信技术股份有限公司财务会计报表

12.1.1 2008 年度财务会计报表

麓山通信技术股份有限公司 2008 年度资产负债表见表 12-1。
麓山通信技术股份有限公司 2008 年度合并利润表见表 12-2。
麓山通信技术股份有限公司 2008 年度现金流量表见表 12-3。

---

① 企业名称与人名均为虚构，如有雷同，实属巧合。2010 年之后企业会计准则多次修订，但本案例所采用的财务报告不影响对前文所述思想及逻辑的理解。

表 12-1 资产负债表

会施 01 表

编制单位：麓山通信　　　　2008 年 12 月 31 日　　　　单位：元

资产	行次	年初数	期末数	负债及所有者权益	行次	年初数	期末数
流动资产：				流动负债：			
货币资金	1	11 782 903.26	3 926 301.11	短期借款	51		
短期投资	2		0.00	应付票据	52		
应收票据	3		0.00	应付账款	53	4 280.00	172 130.40
应收账款	4	28 986 880.27	46 252 476.24	预收账款	54		
减：坏账准备	5			应付内部单位款	55		
预付账款	6			其他应付款	56	2 128 735.04	8 990 204.42
应收内部单位款	7			应付工资	57	1 543 035.80	2 534 223.52
备用金	8	5 908 687.16	7 068 462.40	其中：含量工资包干节余	58		
其他应收款	9	5 827 406.91	12 313 668.46	应付福利费	59		0.00
待摊费用	10	24 000.00	118 984.00	未交税金	60	789 528.35	1 183 498.93
存货	11		12 107.30	未付利润	61	13 824 718.74	13 006 105.79
其中：在建工程	12		0.00	其他未交款	62	31 656.72	31 473.81
待处理流动资产净损失	13			预提费用	63		
一年内到期的长期债券投资	18			一年内到期的长期负债	64		
其他流动资产	19			其他流动负债	65		
流动资产合计	20	52 529 877.60	69 691 999.51	流动负债合计	70	18 321 954.65	25 917 636.87
长期投资：				长期负债：			
长期投资	21	3 509 757.50	3 509 757.50	长期借款	71	1 412 166.28	1 166 966.17
拨付所属投资	22			应付债券	72		
固定资产：				长期应付款	73	5 669 835.58	6 537 294.90
固定资产原价	25	10 092 285.84	11 844 957.84	其他长期负债	76		
减：累计折旧	26	4 279 170.22	5 707 087.95	其中：专项应付款	77		
固定资产净值	27	5 813 115.62	6 137 869.89	住房周转金	78		
固定资产清理	28			长期负债合计	82	7 082 001.86	7 704 261.07
待处理固定资产净损失	29			递延税项：			
固定资产合计	32	5 813 115.62	6 137 869.89	递延税款贷项	83		
专项工程：				负债合计	86	25 403 956.51	33 621 897.94
专项工程	33			所有者权益：			
无形及递延资产：				实收资本	87	1 887 500.00	2 213 130.00
无形资产	35	96 483.75	83 795.56	上级拨入资金	88		
递延资产	36		0.00	资本公积	89	68 000.00	68 000.00
递延及无形资产合计	40	96 483.75	83 795.56	盈余公积	90		
其他资产：				其中：公益金	92		
临时设施	41			未分配利润	95	34 589 777.96	43 520 394.52
减：临时设施摊销	42			所有者权益合计	99	36 545 277.96	45 801 524.52
临时设施净值	43						
临时设施清理	44						

表12-1(续)

资产	行次	年初数	期末数	负债及所有者权益	行次	年初数	期末数
其他长期资产	46						
其他资产合计	47						
递延税项:							
递延税款借项	48						
资产总计	50	61 949 234.47	79 423 422.46	负债及所有者权益总计	100	61 949 234.47	79 423 422.46

表 12-2　合并利润表

会施02表

编制单位：麓山通信　　　　　2008年12月　　　　　单位：元

项目	行次	上期累计	本期累计
一、工程结算收入	1	44 459 249.50	64 484 990.92
减：工程结算成本	2	22 133 937.62	31 782 416.39
税金及附加	3	1 665 863.48	2 381 739.74
二、工程结算利润	4	20 659 448.40	30 320 834.79
加：其他业务利润	5		0.00
减：管理费用	6	7 454 101.73	16 574 847.01
财务费用	7	-132 190.40	-348 407.33
三、营业利润	8	13 337 537.07	14 094 395.11
加：投资收益	9	200 000.00	0.00
营业外收入	10	403 255.41	619 200.04
用含量工资节余弥补利润	11		0.00
减：营业外支出	12	24 090.35	219 630.14
结转的含量工资包干节余	13		0.00
加：以前年度损益调整	14		0.00
四、利润总额	15	13 916 702.13	14 493 965.01
减：所得税	16	1 230 493.12	513 714.14
五、净利润	17	12 686 209.01	13 980 250.87

表 12-3　现金流量表

编制单位：麓山通信　　　　　　　2008 年 12 月　　　　　　　　单位：元

项目	行次	金额
一、经营活动产生的现金流量：		
销售商品、提供劳务收到的现金	1	47 275 347.02
收到的税费返还	2	0.00
收到的其他与经营活动有关的现金	3	7 899 358.69
现金流入小计	4	55 174 705.71
购买商品、接受劳务支付的现金	5	15 904 744.54
支付给职工以及为职工支付的现金	6	23 810 095.18
支付的各项税费	7	2 917 835.61
支付的其他与经营活动有关的现金	8	15 698 122.66
现金流出小计	9	58 330 797.99
经营活动产生的现金流量净额	10	-3 156 092.28
二、投资活动产生的现金流量：		
收回投资所收到的现金	11	565 650.49
取得投资收益所收到的现金	12	0.00
处置固定资产、无形资产和其他长期资产所收回的现金净额	13	9 788.50
收到的其他与投资活动有关的现金	14	0.00
现金流入小计	15	575 438.99
购建固定资产、无形资产和其他长期资产所支付的现金	16	1 117 222.00
投资所支付的现金	17	5 617 901.38
支付的其他与投资活动有关的现金	18	0.00
现金流出小计	19	6 735 123.38
投资活动产生的现金流量净额	20	-6 159 684.39
三、筹资活动产生的现金流量：		
吸收投资所收到的现金	21	0.00
借款所收到的现金	22	4 910 083.83

表12-3(续)

项目	行次	金额
收到的其他与筹资活动有关的现金	23	0.00
现金流入小计	24	4 910 083.83
偿还债务所支付的现金	25	632 494.05
分配股利、利润或偿付利息所支付的现金	26	2 796 452.12
支付的其他与筹资活动有关的现金	27	0.00
现金流出小计	28	3 428 946.17
筹资活动产生的现金流量净额	29	1 481 137.66
四、汇率变动对现金的影响额	30	−21 963.14
五、现金及现金等价物净增加额	31	−7 856 602.15

12.1.2 2009年度财务会计报表

麓山通信技术股份有限公司2009年度资产负债表见表12-4。

麓山通信技术股份有限公司2009年度利润表见表12-5。

麓山通信技术股份有限公司2009年度现金流量表见表12-6。

表12-4 资产负债表

编制单位:麓山通信　　　　　2009年12月31日　　　　　单位:元

资产	行次	年初数	期末数	负债和所有者权益(或股东权益)	行次	年初数	期末数
流动资产:				流动负债:			
货币资金	1	3 926 301.11	18 572 051.74	短期借款	34		10 807 849.77
交易性金融资产	2			交易性金融负债	35		
应收票据	3			应付票据	36		
应收股利	4			应付账款	37	172 130.40	2 292 456.82
应收利息	5			预收账款	38		
应收账款	6	46 252 476.24	80 267 087.56	应付职工薪酬	39	2 534 223.52	2 729 342.04
其他应收款	7	19 382 130.86	25 620 149.09	应交税费	40	1 214 972.74	2 472 407.61
预付账款	8	118 984.00		应付利润	41	13 006 105.79	13 392 062.41
存货	9	12 107.30	47 767.20	应付股利	42		
一年内到期的非流动资产	10			其他应付款	43	8 990 204.42	11 939 760.93

表12-4(续)

资产	行次	年初数	期末数	负债和所有者权益	行次	年初数	期末数
其他流动资产	11			一年内到期的非流动负债	44		
				其他流动负债	45		
				其他流动负债	45		
流动资产合计	12	69 691 999.51	124 507 055.59	流动负债合计	46	25 917 636.87	43 633 879.58
非流动资产:				非流动负债:	46		
可供出售金融资产	13			长期借款	47	1 166 966.17	921 765.97
持有至到期投资	14			应付债券	48		
投资性房地产	15			长期应付款	49	6 537 294.90	6 531 173.30
长期股权投资	16	3 509 757.50	4 409 757.50	专项应付款	50		
长期应收款	17			预计负债	51		
固定资产	18	11 844 957.84	13 540 737.25	递延所得税负债	52		
减:累计折旧	19	5 707 087.95	7 141 874.45	其他非流动负债	53		
固定资产净值	20	6 137 869.89	6 398 862.80	非流动负债合计	54	7 704 261.07	7 452 939.27
减:固定资产减值准备	21			负债合计	55	33 621 897.94	51 086 818.85
固定资产净额	22	6 137 869.89	6 398 862.80	负债合计	55		
生产性生物资产	23			所有者权益(或股东权益):			
工程物资	24			实收资本(或股本)	56	2 213 130.00	2 085 630.00
在建工程	25			资本公积	57	68 000.00	68 000.00
固定资产清理	26			减:库存股	58		
无形资产	27	83 795.56	237 233.78	盈余公积	59		
商誉	28			未分配利润	60	43 520 394.52	82 312 460.82
长期待摊费用	29			所有者权益(或股东权益)合计	61	45 801 524.52	84 466 090.82
递延所得税资产	30						
其他非流动资产	31						
非流动资产合计	32	9 731 422.95	11 045 854.08				
资产总计	33	79 423 422.46	135 552 909.67	负债和所有者权益(或股东权益)总计	62	79 423 422.46	135 552 909.67

表 12-5 利润表

会企02表

编制单位:麓山通信　　　　　　2009年　　　　　　单位:元

项目	行数	上年累计	本年累计
一、营业收入	1	64 484 990.92	122 375 911.92
减:营业成本	2	31 782 416.39	60 266 304.02
税金及附加	3	2 381 739.74	4 505 959.31
销售费用	4		3 298 061.46

表12-5(续)

项目	行数	上年累计	本年累计
管理费用	5	16 574 847.01	14 405 750.24
财务费用（收益以"-"号填列）	6	-348 407.33	696 947.09
资产减值损失	7		
加：公允价值变动净收益（净损失以"-"号填列）	8		
投资收益（净损失以"-"号填列）	9		
其中对联营企业与合营企业的投资收益	10		
二、营业利润（亏损以"-"号填列）	11	14 094 395.11	39 202 889.80
营业外收入	12	619 200.04	2 324 619.11
减：营业外支出	13	219 630.14	277 085.04
其中：非流动资产处置净损失（净收益以"-"号填列）	14		
三、利润总额（亏损总额以"-"号填列）	15	14 493 965.01	41 250 423.87
减：所得税	16	513 714.14	646 379.92
四、净利润（净亏损以"-"号填列）	17	13 980 250.87	40 604 043.95
五、每股收益：			
基本每股收益			
稀释每股收益			

表 12-6　现金流量表

会企03表

编制单位：麓山通信　　　　　2009年　　　　　单位：元

项目	行次	累计金额
一、经营活动产生的现金流量：		
销售商品、提供劳务收到的现金	1	88 914 773.78
收到的税费返还	2	
收到的其他与经营活动有关的现金	3	12 229 401.80
现金流入小计	4	101 144 175.58

表12-6(续)

项目	行次	累计金额
购买商品、接受劳务支付的现金	5	32 469 328.68
支付给职工以及为职工支付的现金	6	34 563 498.41
支付的各项税费	7	5 054 460.28
支付的其他与经营活动有关的现金	8	21 184 422.16
现金流出小计	9	93 271 709.53
经营活动产生的现金流量净额	10	7 872 466.05
二、投资活动产生的现金流量：		
收回投资所收到的现金	11	1 001 560.00
取得投资收益所收到的现金	12	
处置固定资产、无形资产和其他长期资产所收回的现金净额	13	198 396.05
处置子公司及其他营业单位收到的现金净额	14	
收到的其他与投资活动有关的现金	15	
现金流入小计	16	1 199 956.05
购建固定资产、无形资产和其他长期资产所支付的现金	17	1 651 169.00
投资所支付的现金	18	5 029 668.19
取得子公司及其他营业单位支付的现金净额	19	
支付的其他与投资活动有关的现金	20	
现金流出小计	21	6 680 837.19
投资活动产生的现金流量净额	22	-5 480 881.14
三、筹资活动产生的现金流量：		
吸收投资所收到的现金	23	
借款所收到的现金	24	19 215 325.62
收到的其他与筹资活动有关的现金	25	
现金流入小计	26	19 215 325.62
偿还债务所支付的现金	27	4 346 742.11
分配股利、利润或偿付利息所支付的现金	28	1 968 712.05

表12-6(续)

项目	行次	累计金额
支付的其他与筹资活动有关的现金	29	645 700.00
现金流出小计	30	6 961 154.16
筹资活动产生的现金流量净额	31	12 254 171.46
四、汇率变动对现金的影响额	32	-5.74
五、现金及现金等价物净增加额	33	14 645 750.63

12.1.3　2010年度第三季财务会计报表

麓山通信技术股份有限公司2010年度第三季资产负债表见表12-7。

麓山通信技术股份有限公司2010年度第三季利润表见表12-8。

麓山通信技术股份有限公司2010年度第三季现金流量表见表12-9。

表12-7　资产负债表

编制单位：麓山通信　　　　　2010年9月30日　　　　　　　　单位：元

资产	行次	年初数	期末数	负债和所有者权益（或股东权益）	行次	年初数	期末数
流动资产：				流动负债：			
货币资金	1	18 572 051.74	13 481 138.73	短期借款	34	10 807 849.77	34 150 596.57
交易性金融资产	2			交易性金融负债	35		
应收票据	3			应付票据	36		
应收股利	4			应付账款	37	2 292 456.82	1 435 987.03
应收利息	5			预收账款	38		
应收账款	6	80 267 087.56	93 844 628.11	应付职工薪酬	39	2 729 342.04	2 842 549.31
其他应收款	7	25 620 149.09	30 280 905.71	应交税费	40	2 472 407.61	2 012 342.22
预付账款	8		28 160.00	应付利润	41	13 392 062.41	13 251 315.61
存货	9	47 767.20	369 420.90	应付股利	42		
一年内到期的非流动资产	10			其他应付款	43	11 939 760.93	15 523 329.86
其他流动资产	11			一年内到期的非流动负债	44		
				其他流动负债	45		
				其他流动负债	45		
流动资产合计	12	124 507 055.59	138 004 253.45	流动负债合计	46	43 633 879.58	69 216 120.60
非流动资产：				非流动负债：			
可供出售金融资产	13			长期借款	47	921 765.97	737 865.82
持有至到期投资	14			应付债券	48		
投资性房地产	15			长期应付款	49	6 531 173.30	7 414 767.15
长期股权投资	16	4 409 757.50	4 409 757.50	专项应付款	50		

表12-7(续)

资产	行次	年初数	期末数	负债和所有者权益	行次	年初数	期末数
长期应收款	17			预计负债	51		
固定资产	18	13 540 737.25	12 437 584.75	递延所得税负债	52		
减：累计折旧	19	7 141 874.45	6 960 140.37	其他非流动负债	53		
固定资产净值	20	6 398 862.80	5 477 444.38	非流动负债合计	54	7 452 939.27	8 152 632.97
减：固定资产减值准备	21			负债合计	55	51 086 818.85	77 368 753.57
固定资产净额	22	6 398 862.80	5 477 444.38				
生产性生物资产	23			所有者权益（或股东权益）：			
工程物资	24			实收资本（或股本）	56	2 085 630.00	1 069 230.00
在建工程	25			资本公积	57	68 000.00	68 000.00
固定资产清理	26		32 595.10	减：库存股	58		
无形资产	27	237 233.78	799 498.67	盈余公积	59		
商誉	28			未分配利润	60	82 312 460.82	70 217 565.53
长期待摊费用	29			所有者权益（或股东权益）合计	61	84 466 090.82	71 354 795.53
递延所得税资产	30						
其他非流动资产	31						
非流动资产合计	32	11 045 854.08	10 719 295.65				
资产总计	33	135 552 909.67	148 723 549.10	负债和所有者权益（或股东权益）总计	62	135 552 909.67	148 723 549.10

表12-8 利润表

会企02表

编制单位：麓山通信　　　　　2010年9月　　　　　单位：元

项目	行数	上年累计	本年累计
一、营业收入	1	122 375 911.92	69 091 538.45
减：营业成本	2	60 266 304.02	43 127 210.35
税金及附加	3	4 505 959.31	2 603 222.76
销售费用	4	3 298 061.46	4 573 469.44
管理费用	5	14 405 750.24	12 126 449.22
财务费用（收益以"-"号填列）	6	696 947.09	1 757 628.95
资产减值损失	7		
加：公允价值变动净收益（净损失以"-"号填列）	8		
投资收益（净损失以"-"号填列）	9		
其中对联营企业与合营企业的投资收益	10		
二、营业利润（亏损以"-"号填列）	11	39 202 889.80	4 903 557.73

表12-8(续)

项目	行数	上年累计	本年累计
营业外收入	12	2 324 619.11	2 446 565.49
减：营业外支出	13	277 085.04	47 204.78
其中：非流动资产处置净损失（净收益以"-"号填列）	14		
三、利润总额（亏损总额以"-"号填列）	15	41 250 423.87	7 302 918.44
减：所得税	16	646 379.92	497 303.47
四、净利润（净亏损以"-"号填列）	17	40 604 043.95	6 805 614.97
五、每股收益：			
基本每股收益			
稀释每股收益			

表 12-9 现金流量表

会企 03 表

编制单位：麓山通信　　　　2010 年 9 月　　　　单位：元

项目	行次	累计金额
一、经营活动产生的现金流量：		
销售商品、提供劳务收到的现金	1	54 721 006.61
收到的税费返还	2	
收到的其他与经营活动有关的现金	3	7 032 758.25
现金流入小计	4	61 753 764.86
购买商品、接受劳务支付的现金	5	25 184 531.00
支付给职工以及为职工支付的现金	6	30 476 556.04
支付的各项税费	7	4 238 039.31
支付的其他与经营活动有关的现金	8	14 896 075.45
现金流出小计	9	74 795 201.80
经营活动产生的现金流量净额	10	-13 041 436.94
二、投资活动产生的现金流量：		

表12-9(续)

项目	行次	累计金额
收回投资所收到的现金	11	539 950.00
取得投资收益所收到的现金	12	
处置固定资产、无形资产和其他长期资产所收回的现金净额	13	
处置子公司及其他营业单位收到的现金净额	14	
收到的其他与投资活动有关的现金	15	
现金流入小计	16	539 950.00
购建固定资产、无形资产和其他长期资产所支付的现金	17	889 470.00
投资所支付的现金	18	3 974 819.12
取得子公司及其他营业单位支付的现金净额	19	
支付的其他与投资活动有关的现金	20	
现金流出小计	21	4 864 289.12
投资活动产生的现金流量净额	22	-4 324 339.12
三、筹资活动产生的现金流量:		
吸收投资所收到的现金	23	
借款所收到的现金	24	63 757 596.26
收到的其他与筹资活动有关的现金	25	
现金流入小计	26	63 757 596.26
偿还债务所支付的现金	27	45 817 132.93
分配股利、利润或偿付利息所支付的现金	28	5 058 202.00
支付的其他与筹资活动有关的现金	29	589 551.18
现金流出小计	30	51 464 886.11
筹资活动产生的现金流量净额	31	12 292 710.15
四、汇率变动对现金的影响额	32	-17 847.10
五、现金及现金等价物净增加额	33	-5 090 913.01

12.2 企业概况

12.2.1 基本情况

公司名称：麓山通信技术股份有限公司（以下简称麓山通信）

法人代表：王余同先生

注册资本：2 000万元

麓山通信主要针对通信运营商及设备提供商提供全系列，全产品的技术外包服务，包括通信工程勘探，方案设计，硬件安装，硬件调试，设备及网络优化，通信设备代维及相关软件设计等服务，符合国际通信行业发展的潮流，并在行业内建立了良好的口碑及品牌影响，可以满足国内通信行业发展的需求。

国内通信外包行业具有规模小、分布散、区域性强的特点，麓山通信通过"一站式交付"的经营理念及多年积累的可靠经验，已在国内十余个省份设立了分支机构，以满足当地运营商及设备商的需求。

麓山通信业绩稳定，增长迅速，2011年销售合同1.5亿元，业务验收收入1.2亿元，净利润2 000万元。

12.2.2 股权结构及历史沿革

（1）公司结构概览

麓山通信技术股份有限公司结构如图12-1所示。

```
                    ┌─────────────────────────────┐
                    │    70位自然人均为公司员工    │
                    └─────────────────────────────┘
              其中的27      100%              100%
              位自然人  ┌──────┐   其中的6    ┌──────┐
                        │麓山信息技术│  位自然人  │许州世讯投│
                        │股份有限公司│           │资咨询股份│
                        │(原拟上市主体)│         │有限公司 │
                        └──────┘                └──────┘
         80%    100%    100%    100%      20%    80%
      ┌────┐ ┌────┐ ┌────┐ ┌────┐      ┌──────────┐
      │许州│ │京都│ │许州│ │许州│      │麓山通信技术股│
      │作讯│ │通信│ │无限│ │宇信│      │份有限公司(新 │
      │科技│ │技术│ │开拓│ │网网│      │拟上市主体)  │
      │有限│ │有限│ │网络│ │络职│      └──────────┘
      │公司│ │公司│ │技术│ │业技│
      └────┘ └────┘ │有限│ │能培│
                    │公司│ │训学│
                    └────┘ │校 │
                           └────┘
```

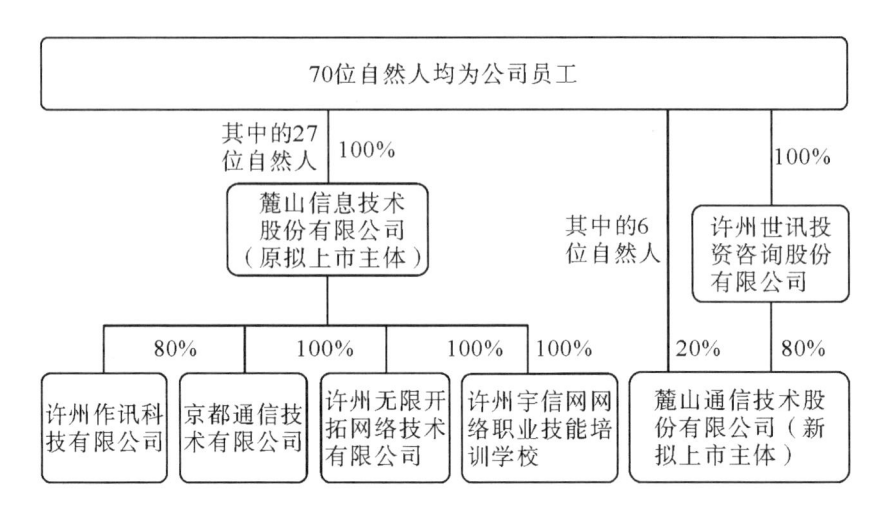

图 12-1　麓山通信技术股份有限公司结构

（2）主要公司介绍

麓山通信技术股份有限公司（简称麓山通信，新成立的拟上市主体），2010年1月20日在许州市工商行政管理局办理工商登记，企业法人营业执照注册号：410100000038182；注册地址：许州经济技术开发区第八大街90号信息产业园；法定代表人：王余同；公司类型：股份有限公司（非上市）；经营范围：通信产品的安装及技术服务、网络维护、网络设计。公司注册资本2 000万元，第一期实收资本400万元，经山南志华联合会计师事务所审验，并于2010年1月11日出具会验字（2010）第13号验资报告。股权结构见表12-10。

表 12-10　麓山通信技术股份有限公司股权结构

单位：万元

股东名称	认缴金额	本次实缴金额	持股比例
许州世讯投资咨询股份有限公司	1 600.00	320.00	80%
王余同	180.00	36.00	9%
范乎	80.00	16.00	4%

表12-10(续)

股东名称	认缴金额	本次实缴金额	持股比例
夏里	60.00	12.00	3%
刘外	40.00	8.00	2%
程一	20.00	4.00	1%
常二	20.00	4.00	1%
合计	2 000	400	100%

2010年5月28日，麓山通信变更了公司经营范围：通信产品的安装及技术服务、网络维护、网络设计、从事货物和技术进出口业务（国家法律法规规定应经审批方可经营或禁止进出口的货物和技术除外）。

2010年11月12日，根据增资协议的规定，麓山通信股东缴纳第二期注资款600万元，本次变更后实收资本增加至1 000万元，占已登记注册资本总额的50%，注册资本不变。此次增资经中万会计师事务所有限公司验证并出具中万验字（2010）第11001号验资报告。截至2010年11月9日实收资本情况见表12-11。

表12-11 麓山通信技术股份有限公司实收资本情况

单位：万元

股东名称	认缴金额	第一期出资	第二期出资	剩余出资
许州世讯投资咨询股份有限公司	1 600.00	320.00	480.00	800.00
王余同	180.00	36.00	54.00	90.00
范乎	80.00	16.00	24.00	40.00
夏里	60.00	12.00	18.00	30.00
刘外	40.00	8.00	12.00	20.00
程一	20.00	4.00	6.00	10.00
常二	20.00	4.00	6.00	10.00
合计	2 000	400.00	600.00	1 000.00

麓山信息技术股份有限公司（简称麓山信息，原拟上市主体，业务和资产主体，由麓山通信技术有限公司于 2008 年 12 月整体变更过来）

法人代表：王余同

注册资本：人民币 5 000 万元

成立日期：2002 年 9 月 9 日

公司住所：许州经济技术开发区信息大街信息大厦 2226 号

经营范围：通信设备，电子产品，计算机信息系统集成，计算机软、硬件的开发安装及销售，技术咨询与服务，从事货物的进出口业务（国家法律、法规规定应经审批方可经营或禁止进出口的货物除外），安全技术防范工程设计、施工、维修。目前的股权结构见表 12-12。

表 12-12　麓山通信技术服务有限公司股权结构

序号	股东名称	出资额/万元	持股股数	出资比例
1	王余同	1 240.92	1 240.92	24.82%
2	范乎	605.325	605.325	12.11%
3	夏里	363.195	363.195	7.26%
4	刘外	302.665	302.665	6.05%
5	马圈	242.13	242.13	4.84%
6	李苦	221.55	221.55	4.43%
7	周次	205.81	205.81	4.12%
8	梁咔	205.81	205.81	4.12%
9	程一	205.81	205.81	4.12%
10	常的	205.81	205.81	4.12%
11	常二	205.81	205.81	4.12%
12	蔡了	205.81	205.81	4.12%
13	朱中	102.905	102.905	2.06%
14	尤啦	102.905	102.905	2.06%
15	刘与	102.905	102.905	2.06%

表12-12(续)

序号	股东名称	出资额/万元	持股股数	出资比例
16	吴拍	90.8	90.8	1.82%
17	张及	81.115	81.115	1.62%
18	时是	60.535	60.535	1.21%
19	龙哦	51.455	51.455	1.03%
20	李拉	42.375	42.375	0.85%
21	李俄	36.32	36.32	0.73%
22	王吖	30.265	30.265	0.61%
23	温本	21.185	21.185	0.42%
24	曹和	21.185	21.185	0.42%
25	刘次	15.135	15.135	0.3%
26	李下	15.135	15.135	0.3%
27	丁没	15.135	15.135	0.3%
	合计	5 000	5 000	100%

截至2010年11月30日，该公司合并净资产约为1亿元。其历史沿革如下：

麓山信息技术股份有限公司前身为麓山通信技术有限公司，于2002年9月9日成立，实收资本105.4万元，经许州中财会计师有限公司审验，并于2002年9月6日出具中财验〔2002〕第692号验资报告。股东结构见表12-13。

表12-13 麓山信息技术股份有限公司股权结构

出资人名单	货币出资/万元	实物出资/万元	合计出资金额/万元	出资比例
王余同	16.748	4.952	21.7	20.58%
范乎	1	9	10	9.48%
夏里	0.7	6.3	7	6.64%

表12-13(续)

出资人名单	货币出资/万元	实物出资/万元	合计出资金额/万元	出资比例
刘外	10		10	9.48%
马圈	3.3	2.7	6	5.69%
李苦	4		4	3.79%
周次	4		4	3.79%
梁咔	7		7	6.64%
程一	3.4		3.4	3.23%
常的	3.4		3.4	3.23%
常二	3.4		3.4	3.23%
蔡了	3.4		3.4	3.23%
朱中	3.4		3.4	3.23%
尤啦	3.4		3.4	3.23%
刘与	3.4		3.4	3.23%
吴拍	3.4		3.4	3.23%
张及	3.4		3.4	3.23%
时是	1.7		1.7	1.61%
龙哦	3.4		3.4	2.23%
合计	82.448	22.952	105.4	100%

2008年6月27日，京都通信技术有限公司（以下简称京都通信）向麓山通信技术有限公司增资94.6万元，同时京都通信受让原自然人所有股权（以注册资本价格），变更后注册资本200万元，京都通信占注册资本的100%，此次增资由许州华大联合会计事务所出具华大验字〔2008〕第0601号验资报告审验。

2008年10月10日，麓山通信技术有限公司增加注册资本至500万元，新增实收资本300万元，由股东京都通信分四次交足资本。截至2008年10月10日第一期增资60万元。变更后注册资本为500万元，实收资本

260万元，由许州华大联合会计师事务所出具华大验字〔2008〕第1001号验资报告审验。

2008年11月20日京都通信将其拥有的麓山通信技术有限公司的全部股权以260万元的价格转让自然人股东，具体见表12-14。

表12-14 麓山通信技术股份有限公司股权结构

股东名称	受让比例	受让成本/万元
王余同	24.82%	64.53
范乎	12.11%	31.48
夏里	7.26%	18.89
刘外	6.05%	15.74
马圈	4.84%	12.59
李苦	4.43%	11.52%
周次	4.12%	10.7
梁咔	4.12%	10.7
程一	4.12%	10.7
常的	4.12%	10.7
常二	4.12%	10.7
蔡了	4.12%	10.7
朱中	2.06%	5.35
尤啦	2.06%	5.35
刘与	2.06%	5.35
吴拍	1.82%	4.72
张及	1.62%	4.22
时是	1.21%	3.15
龙哦	1.03%	2.68
龙哦	1.03%	2.68
李拉	0.85%	2.20
李俄	0.73%	1.89
王吖	0.61%	1.57
温本	0.42%	1.10
曹和	0.42%	1.10

表12-14(续)

股东名称	受让比例	受让成本/万元
刘次	0.3%	0.79
李下	0.3%	0.79
丁没	0.3%	0.79
合计	100%	260.00

京都通信技术有限公司

京都通信技术有限公司2003年11月17日成立并取得京都工商行政管理局核发的《企业法人营业执照》。法人代表：王余同，经营范围：法律行政法规，国务院决定应经许可的，经审批机关批准并经工商行政管理机关登记注册后方可经营，法律、行政法规、国务院决定未规定许可的自主选择经营。注册资本500万元，由王余同、范乎等32名股东以非专利技术《XXl通信集成系统》共同出资，非专利技术经京都市洪湖资产评估有限公司出具洪湖评保字（2003）第2—198号评估报告评估确认，出资经京都开创会计师事务所出具京创会字〔2003〕第2-Y2902号验资报告验证。

2006年5月，京都通信申请增加注册资本500万元，全部由自然人股东王余同于2008年5月16日前分期缴足。截至2006年5月16日，自然人股东赵国庆、王余同于2008年5月16日前分期缴足。截至2006年5月16日，自然人股东王余同增资100万元。同时原自然人股东杨才将其持有的京都通信6%的股权转让给自然人股东王余同，原自然人股东韩并将其持有的京都通信0.8%的股权转让给自然人股东王余同。截至2006年5月17日，增资股权转让后王余同股权比例达到64.5%。

2007年6月11日，根据京都通信第二届第二次股东大会决议，对自然人股东股权进行转让，自然人股东王余同将其所持的部分股权（包括按比例计算的待缴增资部分）转让给其他自然人股东，并变更增资待缴注册资本400万元的认缴股东。

2007年6月19日，根据增资协议的规定，京都通信自然人股东缴纳第二期增资款100万元，此次增资经京都中和会计师事务所验证并出具中和验字〔2007〕第040号变更验资报告。

2007年11月15日，根据增资协议的规定，京都通信自然人股东缴纳第三期增资款200万元，此次增资经京都中和会计师事务所验证并出具中和验字〔2007〕第078号变更验资报告。

2008年5月14日，根据增资协议的规定，京都通信自然人股东缴纳第四期增资款100万元，截至2008年5月16日，京都通信注册资本1 000万元，实收资本1 000万元。上述增资经中和会计师事务所验证并出具中和验字〔2008〕第029号变更验资报告。

2008年11月24日，经京都通信第三届第四次股东大会决议，该公司自然人股东王余同等将京都通信100%股权无偿转让给麓山通信技术有限公司。

许州世讯投资咨询股份有限公司

2009年12月1日许州世讯投资咨询股份有限公司（世讯投资）在许州市工商行政管理局办理工商登记。注册地址：许州经济技术开发区经三路通信产业园208号；法定代表人：王余同；公司类型：股份有限公司（非上市）；经营范围：投资管理及咨询服务、通信产品、计算机网络、电子信息的应用技术咨询服务；注册资本1 600万元，第一期实收资本336万元，经立兴会计师事务所有限公司审验，并于2009年11月16日出具立兴（豫）【2009】第0007号验资报告。股东由70名自然人组成，其中王余同股权比例为17.12%。

2010年10月29日，根据增资协议的规定，世讯投资自然人股东缴纳第二期增资款464万元，本次变更后实收资本增加至800万元，占已登记注册资本总额的50%，注册资本不变。此次增资经南威会计师事务所验证并出具会验字〔2010〕第 035 号验资报告。

许州无限开拓网络技术有限公司

2005 年 9 月 19 日许州无限开拓网络技术有限公司成立并取得许州市工商行政管理局核发的"企业法人营业执照"。法人代表：李素；经营范围：通信、计算机、网络、电子产品的安装和维护及技术服务。注册资本 50 万元，由李素、李举共同于 2005 年 9 月 16 日在中国银行许州分行缴存入资资金组成。李素股权比例为 51%。

2006 年 11 月 15 日，由公司股东大会，经代表公司表决权 100% 的股东同意，股东李素将 255 000 元的股权转让给李改；股东李举将 245 000 元的股权转让给刘华；原公司法定代表人由李素变更为李改。变更后，李改股权比例为 51%。

12.2.3　人力资源状况

目前麓山通信拥有员工 1 245 人，技术人员 1 108 人，员工学历构成见表 12-15。

表 12-15　麓山通信技术股份有限公司员工学历构成

单位：人

学历	麓山通信	许州开拓	软件事业部	宇信	伟讯	PT. CENTFOR	合计
硕士	2						2
本科	227	48	16	5	13	9	318
专科	385	144	26	6	32	5	598
中专	61	61		1	7		130
高中	56	90	3			7	156
初中	4	36	1				41
合计	735	379	46	12	52	21	1 245

此外，麓山通信旗下拥有一家专业的培训中心——宇信教育。宇信教

育系华为定点培训机构,自 2004 年创办以来,一直致力于通信专业人才的培养,不仅为麓山通信也为行业输送了大量专业人才,成为麓山通信的人才储备中心。

宇信教育根据国内网络状况设计了一整套专业课程,理论联系实际,每一名学生都要经过数次专业考试,取得上岗资格后,再经过长达 1 年的现场工作指导才能够独立工作,这一严格的体系确保了麓山通信发展的原动力,在通信服务外包这个以人为本的行业中独树一帜,麓山通信目前正在积极争取让宇信教育取得国家认可的大专学历资格认证,以帮助社会和行业培养更多的具有行业竞争力的专业人才。

12.3 产品、服务及资质

12.3.1 产品及服务

麓山通信根据国际通信行业发展的趋势,结合国内通信行业协议多、网络复杂等现状,通过技术积累及实际经验,逐渐开发了一整套为满足运营商及设备商需求的"一站式交付"服务,服务针对移动、联通和电信三大运营商,以及华为、中兴等主要设备商,提供涉及工程总承包、工程设计、勘察、硬件安装、调试、管理维护、优化等全产品全系列服务,并通过人员管理、工程管理、项目管理及风险管理控制项目实施质量,降低风险,满足客户日益增长的服务要求。其产品服务主要包括:

项目设计及勘察服务。具体包括:承担各大运营商通信产品及网络的规划设计、通信机房整体规划设计、移动通信基站的勘察设计、工程总承包、工程咨询、工程监理、工程造价咨询及相应项目可行性研究报告的编制。

软件及硬件服务。具体包括：通信产品硬件服务、传输设备的安装督导（网管 \ DWDM \ AOSN \ SDH \ 10G \ 2.5G \ 622M \ 155M）、无线设备的硬件安装和硬件督导（网管 \ G&CBSC \ G&CBTS \ WCDMA-RNC \ WCDMA-NodeB \ TD-SCDMA RNC \ TD-SCDMA NodeB）、核心网设备的硬件安装和硬件督导（程控交换机 \ NGN \ MSC \ GGSN \ SGSN \ HLR \ 网管 \ CG \ 信令网）、数据通信设备的硬件安装和硬件督导（Core Router \ Core switch \ Router \ Switch \ Firewall \ NMS \ 综合接入）、中心机房DDF、ODF以及电源列头柜的硬件安装和硬件督导、传输和交换侧中继电缆的布放和督导、无线基站设备配套的硬件安装和硬件的督导（天馈线缆 \ 电源柜 \ 电池组 \ 综合配线柜）。

通信产品软件服务。具体包括：传输设备的软件调试和软件督导（网管 \ DWDM \ AOSN \ SDH \ 10G \ 2.5G \ 622M \ 155M）、无线设备的软件调试和软件督导（网管 \ G&CBSC \ G&CBTS \ WCDMA-RNC \ WCDMA-NodeB \ TD-SCDMA RNC \ TD-SCDMA NodeB）、核心网设备的软件调试和软件督导（程控交换机 \ NGN \ MSC \ GGSN \ SGSN \ HLR \ 网管 \ CG \ 信令网）、数据通信设备的软件调试和软件督导（高、中、低档交换机和路由器 \ Firewall \ NMS \ 综合接入）。

项目代维服务。具体包括：传输设备网络的维护（网管 \ DWDM \ AOSN \ SDH \ 10G \ 2.5G \ 622M \ 155M）、无线设备网络的维护（网管 \ G&CBSC \ G&CBTS \ WCDMA-RNC \ WCDMA-NodeB \ TD-SCDMA RNC \ TD-SCDMA NodeB）、核心网设备的维护（程控交换机 \ NGN \ MSC \ GGSN \ SGSN \ HLR \ 网管 \ CG \ 信令网）、数据通信设备的维护（IP城域网 \ 承载网 \ 宽带综合接入网 \ DCN \ IDC \ 政务网 \ 运营商大客户企业网）。

网络优化服务。具体包括：传输设备网络的优化和调整（DWDM \

AOSN＼SDH＼10G＼2.5G＼622M＼155M）、无线设备网络的优化与调整（M2000网管＼G&CBSC＼G&CBTS＼WCDMA-RNC＼WCDMA-NodeB）、核心网设备的升级与改造（128模＼NGN＼MSC＼GGSN＼SGSN＼HLR＼M2000＼CG）、数据通信设备的网络优化与调整（IP城域网＼宽带综合接入网＼DCN＼政务网＼运营商大客户企业网）。

其他服务。①通信机房搬迁：传输设备机房的搬迁（网管＼DWDM＼AOSN＼SDH＼10G＼2.5G＼622M＼155M）、无线设备机房的搬迁（网管＼G&CBSC＼G&CBTS＼WCDMA-RNC＼WCDMA-NodeB＼TD-SCDMA RNC＼TD-SCDMA NodeB）、Ø核心网设备机房的搬迁（程控交换机＼NGN＼MSC＼GGSN＼SGSN＼HLR＼网管＼CG＼信令网）、数据通信设备机房的搬迁（高&中&低档交换机和路由器＼Firewall＼NMS＼综合接入）。②通信机房整改服务：传输设备机房的整改（网管＼DWDM＼AOSN＼SDH＼10G＼2.5G＼622M＼155M）、无线设备机房的整改（网管＼G&CBSC＼G&CBTS＼WCDMA－RNC＼WCDMA－NodeB＼TD－SCDMA RNC＼TD－SCDMA NodeB）、Ø核心网设备机房的整改（程控交换机＼NGN＼MSC＼GGSN＼SGSN＼HLR＼网管＼CG＼信令网）、数据通信设备机房的整改（高、中、低档交换机和路由器＼Firewall＼NMS＼综合接入）。此外还有行业咨询服务、内外分析咨询、市场战略规划、商业决策和创新业务设计等。

从运营商项目实施流程来看，麓山通信涵盖了从项目设计、勘察、安装、调试到代维、优化等全系列的服务，并可根据运营商要求进行调整，实现个性化服务。

从国内通信网络构成来看，麓山通信实现了光纤网络、数据通信及无线网络的全产品服务，涵盖面广，服务体系全面，更符合运营商及设备商的需求，更贴近目前通信行业招标的发展趋势。

此外麓山通信还在与运营商尝试采用BOT模式建设国内通信网络，若得以实现，将是国内通信外包服务行业的一大创举。

12.3.2 资质

（1）通信类：具有通信信息网络系统集成企业乙级资质、质量管理体系认证证书和通信工程施工总承包三级资质等。

（2）软件类：具有CMMI3双模级证书、软件能力成熟度评估证书（3级）、软件企业认定证书和软件产品登记证书等。

（3）IT类：具有计算机信息系统集成资质和信息安全服务资质证书（安全工程类一级）等。

（4）教育类：华为授权培训认证等。

12.4 行业概况、市场与销售

12.4.1 行业分析

（1）行业背景

电信服务一般指针对电信运营商网络或网络之上的业务流程的运营、维护和支持的服务等，根据服务实施方的不同一般被分为自维和代维。自维是指电信运营商自身所从事的电信网络维护类服务。代维主要是由电信企业战略性的选择外部专业技术和服务资源，代替内部部门和人员来承担企业网络或网络之上的业务流程的运营、维护和支持的服务。这里的外部资源包括通信网络设备厂商和专业的电信服务提供商。

电信服务外包市场的发展，是与电信行业的发展密切相关的。而当前中国电信行业，正在面临着新的转变，传统的四大电信运营商经过2008年5月的重组改革，正在从原有的单一业务运营商向全业务的综合信息服务提供商转型。同时，伴随着 TD 技术的成熟，3G 网络的建设也正式拉开了帷幕，运营商除了要大力发展 3G 网络的建设之外，还需要确保原有网络的维护，网络建设、运维、优化等方面工作量大大增加。在运营商大规模转型和网络建设时期，原有的产品业务组织已经不适应新的市场发展模式。运营商为了成功转型，需要在转型过程中加强控制成本、提高效率、提高服务水平、拓展产品业务种类。这使得运营商需要将越来越多的非主营业务外包出去，将精力集中在主要业务上，从而扩大电信服务市场的需求空间，使该市场保持持续增长的态势。2008 年上半年，3G 网络建设和电信重组都为电信服务市场提供了更大的空间，中国电信服务外包市场的市场规模达到 175.5 亿元，同比增长 21%。近年，电信服务增长情况见图 12-2。

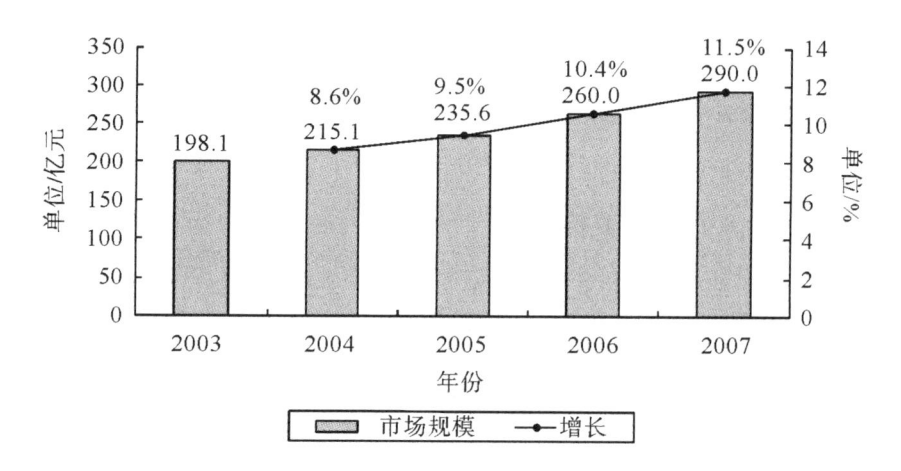

图 12-2 2003—2007 年中国电信服务外包市场规模与增长

2008 年中国电信服务市场需求旺盛。最主要的市场需求是因 3G 业务的产生而带动的整体网络维护业务的增加。运营商网络建设量迅速放大，包括中国电信对于所收购的联通 C 网进行的网络优化业务，和中国移动的移动网络升级扩容业务等，均对电信服务的需求非常大。而运营商本身人员有限，为了更好地集中于主营业务，抢占市场，同时也为了进一步降低成本，将继续扩大代维比例，加大该市场的需求量。此外，在固网运维方面，随着各种新业务的涌现，宽带业务量大幅度上升，新用户新需求扩大了对网络运维的要求。

（2）行业政策

麓山通信所处行业系国家行业政策鼓励和支持发展的行业。《信息产业科技发展"十一五"规划和 2020 年中长期规划纲要》中明确指出，要紧紧围绕国民经济和社会信息化发展的需要，加强网络资源整合利用；在新一代移动通信等领域，实现核心技术与关键产品的突破，打造较为完整的产业链，形成世界一流的产业群；继续推动 TD-SCDMA 等第三代移动通信及其增强型技术的产业化及应用。

2009 年 4 月，国务院发布《电子信息产业调整和振兴规划》。该文件指出，通过加大国家投入、加强政策扶持、完善投融资环境、强化自主创新能力建设等手段，以第三代移动网络建设为契机，促进通信设备制造业及新兴服务业的发展。

（3）行业内企业发展特点

第一，行业分布分散、规模小。目前从整个通信外包行业来看，普遍存在企业规模小，形成规模优势的企业数量少、分散广的特点，一家地市级通信运营商的分支机构背后多有数家外包服务商，服务内容参差不齐。根据我们统计的数据，目前依靠运营商及设备商提供服务的外包企业数量不下万家。

第二，地域化明显。通信外包行业目前在国内尚为新兴行业，运营商分支机构地域性比较强，地方保护较为严重，很多所谓外包商通过与某家单一运营商地方分支机构形成利益共享的关系来生存，这在某一程度上也制约了该行业的发展。

第三，行业内企业多提供单一品种或针对单一客户的服务。国内通信行业的发展注定了通信外包行业企业发展的模式，与客户之间的关系成了通信外包服务行业基本的进入门槛，这种门槛也在很大程度上使行业内外包服务企业产生了重关系、轻技术的发展思路，但应该看到，目前通信外包服务行业已开始逐渐洗牌，提供单一服务的企业利润开始逐渐下降，相信在未来几年里通信外包服务行业将产生真正的、综合性的龙头企业。

（4）主要竞争对手

介于麓山通信提供的全系列全产品服务，其行业主要竞争对手多是某一产品或某一客户，设备提供商在有些服务中也与向心力通信有竞争关系，统计如下。

以通信工程、代维等综合服务为主营业务的企业：

中国通信服务股份有限公司：系中国电信子公司，香港上市企业，其主要提供网络建设服务，外包服务在其主业构成比率中并不高。

福建国脉通信股份有限公司：国内上市公司，主要为运营商提供工程服务，主要业务集中在福建。

西安汇诚电信有限责任公司：主要为运营商提供工程服务，近两年因股权问题及与华为中断合作而受到的影响较大。

以网络优化为主营业务的企业：

杭州华星创业股份有限公司：国内上市公司，主要为运营商提供无线网络优化的产品及服务。

珠海世纪鼎利股份有限公司：国内上市公司，主要为运营商提供无线网络优化的软件及服务。

其他以运营商为主要客户的企业：

广东高新兴通信股份有限公司：国内上市公司，主要为运营商提供基站综合管理系统。

（5）行业进入壁垒

目前，我国通信外包服务行业进入壁垒主要体现在以下方面：

首先，品牌信任障碍。电信运营商对其网络系统强调高可靠性、高稳定性以及不间断运行，任何故障都可能造成巨额的经济损失乃至客户流失。因此，电信运营商往往寻求品牌认同度高、市场信誉好、长期从事该行业、服务区域及领域广的企业合作，而这些企业的成功经验对于其维持老客户、开拓新客户尤为重要。新进入者则处于明显的竞争劣势。

其次，技术障碍。通信外包服务行业是技术密集型行业，技术是进入该行业的主要障碍之一。技术障碍主要体现在服务提供者必须掌握电信运营商的多个厂家的网络系统和多种技术，熟悉各类通信设备，精通无线、交换、传输、网管等专业知识，并在服务过程中采用最有效的技术方法、技术手段及仪器仪表达到目的。通常，与电信运营商长期合作的企业会积累一套行之有效的流程及大量的专有技术、技术诀窍等，这是新进入者短期无法获得的。同时在测试优化系统方面，需要企业对移动通信技术的多种制式、多层协议均非常精通，并必须不断地跟踪和学习，不断地掌握新技术，故技术的掌握及应用能力、系统的技术研发能力对新进入者而言无疑也是主要障碍之一。鉴于目前我国各电信运营商均采用2G、3G融合建网策略，3G建网后，新进入者由于在2G方面的弱势，以及实际经验的缺乏，进入本行业的壁垒更高。

再其次，人才障碍。通信外包服务行业的从业者首先需要具备通信技术理论知识，在经过多年的实践后，才能拥有丰富的经验，掌握各类技术，精通各种网络和设备。此类人才的数量及其技术水平的高低已经成为该行业企业竞争力的标志之一，而这些人才主要集中于少数规模较大、长期从事该项服务的龙头企业，这是新进入者的又一主要障碍。

最后，资金障碍。通信外包服务行业需要一定的资金投入。第一，新技术、新系统的研发或购买需要不少费用；第二，技术服务过程中，需采购些配套的专业仪器仪表；第三，提供技术服务需要大量的流动资金，新进入者若无一定的资金实力，将很难生存。

（6）麓山通信的竞争优势

第一，管理优势。麓山通信的核心骨干基本来自华为，管理及创新能力较强，特别是具有华为销售能力强的特点，并通过自有的软件开发能力，结合自身多年业务发展的需求，开发了一套为自己量身打造的ERP系统，实现管理到项目，管理到人，管理到天，极大地降低了管理成本。

第二，技术优势。麓山通信拥有一大批具有扎实理论功底并有多年实战经验的技术人员，技术人员数量占到企业总人数的80%，极其擅长对复杂通信网络环境的处理，并依靠过硬的技术实力，已经完成项目有：2008年北京奥运会通信保障项目、2009年山东全运会通信保障项目、2010年上海世博会通信保障项目以及2010年广州亚运会通信保障项目等。

第三，综合成本优势。麓山通信为运营商及设备商提供全产品全系列的技术服务从而大大降低了人员空闲概率，提高了人员复用率，对于以人员薪资为主要成本的技术服务类企业来说，大大降低了业务成本。

第四，团队稳定优势。麓山通信股权分散，其核心管理层及核心技术团队均为公司股东，保障了整个核心团队的稳定，降低了由于人员流动而产生的客户及技术流失风险。

第五，市场开拓优势。麓山通信与华为为多年合作伙伴，从而在新市场开发过程中，可以通过华为的项目零成本进入新市场，降低了市场开发风险，减少了客户关系建立的时间，提高了工作效率。

第六，培训优势。麓山通信具有自己的行业培训中心，该中心目前在行业内已具有一定口碑，并成为华为唯一承认的外部培训机构，每年为公司及运营商、设备商输送大批人才，建立了向心力通信的造血机制，每个进入向心力的工作人员都要经过培训中心及现场操作 1 年以上才能正式上岗，这为向心力通信扩大市场规模提供了保障。

第七，客户规模优势。麓山通信通过多年业务实践，已建立包括北京、上海、广东、河南、江西、内蒙古在内的 10 个分支机构，与运营商及设备商建立了长期稳定的合作关系，显著区别于其他企业单局单点的客户关系。

12.4.2　销售模式及客户构成

麓山通信目前的销售主要通过招标的模式，直接与运营商或设备商签订合同，运营商或设备商根据合同条款，结合项目完工进度进行支付，项目工期一般在 3 个月到半年，回款状况良好。

通信外包行业具有客户集中的特点，目前国内仅有三大运营商及华为和中兴，但由于单个合同均与地市级运营商签订，并不存在单一客户依赖问题。具体见表 12-16。

表 12-16　麓山通信技术股份有限公司 2008—2010 年合同额及和客户构成

单位：万元

序号	客户名称	2008 年合同额	2009 年合同额	2010 年三季度合同额
1	华为	5 170	10 610	5 676
2	中兴	0	1 001	1 075
3	电信	247	860	1 098
4	联合通信	760	667	345
5	移动	142	599	447

目前从业务构成来看，麓山通信由于与华为合作时间最久，华为的订单比重稍显集中，目前麓山通信通过积极开发运营商客户，稳定华为，以提高整体业务总量的方法来降低华为的比重，目前已初显成效。2010 年华为的业务比重基本控制在 50%，上市前，华为业务控制在 30% 左右。

12.5 财务状况及财务预测

由于麓山通信在 2010 年初更改了上市主体，2010 年主要完成的是新主体的资质申报及获取，在一定程度上影响了 2010 年公司业绩。此外，由于旧主体转向新主体仅进行的是业务及人员的转移，不存在新主体重新开拓市场的问题，因此，此处的财务数据均为所有通信外包服务，即要转移入新主体的数据，转移完成后，旧主体将改变主营业务范围，从而避免同业竞争问题。

从麓山通信 2008—2010 年度财务会计报表的数据可以看到，麓山通信是典型的技术、劳动密集型企业，具有轻资产的特点，且长期以来，其净利润保持在 25% 以上，盈利水平较高，但是也可以看到，2010 年业绩相对于 2009 年基本持平，主要原因：一是 2009 年为应对金融危机，国家加大通信网络建设力度，全年投资近 8 000 亿元，是原计划的两倍，麓山通信也享受到了这一机遇，完成了快速的发展。二是 2010 年国家通信投入恢复正常，并调整投资方向，逐步消化 2009 年建设的成果，麓山通信也在 2010 年夯实 2009 年的基础，调整业务构成。三是 2010 年设立新的上市主体，对于业务开拓有所影响。

目前，新主体的所有资质已全部取得，业务转移已在 2010 年底逐步开始，麓山通信计划在 2011 年通过深挖现有市场运营商客户及设立 2~3 个新的省份市场，提高市场占有率，而这一过程需要一定的时间，也需要投资者的介入，按照向心力本身的规划，预计 2012 年及 2013 年业绩为：2012 年实现收入 2 亿元，净利润 4 000 万元；2013 年实现收入 2.9 亿元，净利润 6 000 万元。

总之，麓山通信是一家管理能力卓越、现代化管理体系建设完备、具有相当强市场竞争力的公司，在即将到来的市场整合中能够脱颖而出，成为通信行业服务外包的民营龙头企业。目前，企业竞争力强、发展迅速、盈利能力优秀、管理完善，具备投资的潜在价值。

12.6　麓山通信的商业前景分析

从上述披露的麓山通信信息来看，麓山通信的财务会计报表应该是未经审计，所以缺少注册会计师的审计意见，且该企业2008年度利润表格式不符合企业会计准则要求，也未披露销售费用，因此，应该可以说明该企业会计基础工作不够规范。通过分析与判断，麓山通信商业前景分析如下：

第一，盈利能力分析。麓山通信三年来的毛利率分别为47%、47.1%和33.8%。由于第三年只有三个季度的财务数据，换算成年度数据，第三年度毛利率估算为45.1%，略有下降，但整体而言，具备一定的盈利空间。从资产负债表来看，该公司无形资产余额为20余万元，资产结构比过低，且从其他披露信息来看，该公司没有专利，资质不高，研究与开发费用没有披露，说明盈利潜力不强。该公司三年来管理费用金额在1 400万~1 600万元左右，比较稳定，但管理费用率三年分别为25.7%、11.77%和17.55%，初期费用较高，且起伏波动较大，说明管理效率不稳定。销售费用在2008年度没有单独记录和披露，2009年至2010年第三季度销售费用率分别是2.7%和6.6%，发生金额在300万~400万元，对于销售额来说，占比不算高，这应该与其所在行业有一定关系。三年来净利率分别为21.7%、33.2%和9.9%，说明盈利水平不稳定，总体而言，该企业前期的盈利能力较好，但盈利水平不稳定，发展潜力不强，企业经营应该未进入成熟期。

第二，流动性分析。麓山通信是一家从事通信服务的企业，主要业务是通信工程、管线安装等，结算周期较长。所以，该公司连续三年的应收款项（应收账款和其他应收款）占流动资产的比例在70%左右，说明该公司垫支资金较多，且非经营性资金（也可能是关联方）占款较高；而该公司的流动负债结构也不合理，应付账款连续三年占比分别为0.6%、5%和2%，其他应付款三年持续上升，占比较高，在30%左右，应付工资或职工薪酬占比大约在3%~5%，银行借款在2009年到2010年持续上升，2010年度接近流动负债的50%。应收款项周转速度较慢，每年在1.3次左右，说明该公司资金压力较大，存在比较大的资金短缺现象。公司筹资非银行渠道占比较高，有一定的依赖性，资金成本应该较高，因为该公司固定资产净值较低，所以抵押品较少，三年中两年经营活动现金净流量为负数，2009年度余额也不能支持足够的偿付能力，而银行借款增长速度较快，企业的财务风险较高，因此，该公司的资金流动性应该是比较差的。

第三，信用分析。结合上述第二点，我们可以看出该企业商业信用较差，不能通过商业信用行为为企业日常经营补充流动资金，因为经营活动现金净流量为负且不稳定，而抵押品缺乏，所以，银行信用应该不可持续。该公司对非银行信用和非商业信用存在一定的依赖性，这种情况下，一方面会增加企业资金成本，另一方面由于资金筹资平台未建立或者筹资渠道不稳定，意味着企业存在较大的潜在财务风险。此外，麓山通信存在较高的应付利润余额，且挂账时间在三年以上，说明投资方间接对麓山通信进行资金补贴。

第四，技术及其前景分析。从麓山通信财务会计报表及其他相关信息来看，企业在技术研发方面投入不足。从该公司人员学历结构来看，可以从事研究开发的人员比例过低，企业多数技术对华为形成依赖。企业自身没有专利技术，各项行业资质证书等级并不高，说明企业发展潜力不足，存在一定经营风险。

第五，经营能力与市场拓展分析。从提供的信息来看，麓山通信2008年度没有披露销售费用，2009年度和2010年度销售费用率比较低，说明该公司市场渠道应该尚未建立，或者不健全。而公司的管理费用率比较高，且该公司员工薪酬占销售收入的比重比较低，占增值额的比重也比较低，与拉克儿法则经验数据39.395%相差较大。应付职工薪酬余额相对较高，从披露的信息看，余额中福利费性质比例应该不高，所以，该公司可能存在支付员工薪酬不及时现象，说明企业在员工激励方面重在管理层，普通员工激励应该不够完善。从该公司客户情况来看，该公司客户主要有5家，华为一家业务额度占比超过50%，属于典型的业务依赖，且存在与关联公司同业竞争现象。从市场竞争情况来看，其竞争对手均为上市公司，在资金、技术和市场占有率等方面，麓山通信都不占优势。此外，麓山通信连续三年盈利，但没有进行分配，且三年前利润分配一直在挂账，说明企业资金方面压力较大，所以，麓山通信潜在的经营风险和财务风险应该比较高。

第六，公司治理分析，麓山通信成立已经近三年，披露信息中没有披露关于股东会、董事会及监事会的相关信息，但对公司的历史沿革及股权变更信息披露得较为详细。从其股权变更情况来看，通过连续的股权变更，企业股权相对比较集中，逐步强化了王余同的控制权，而企业连续三年没有分配，对其他的自然人股东激励不够，企业市场化的治理机制和激励机制应该没有完全建立起来，对企业未来的发展将会产生较大影响。

综上所述，依据披露的信息，麓山通信在流动性、技术研发、信用能力、经营能力以及公司治理等方面都需要进一步完善和改进，所以，就披露的信息和市场前景来看，当时的国家产业政策对其似乎也不是很有利。在市场竞争层面，麓山通信在资金、技术、公司治理、人才激励机制等方面并没有表现出较强的竞争力，因此麓山通信未来发展前景应该是负面的，其商业模式应该进一步改进。